大投机家的证券心理学

〔匈〕安德烈·科斯托拉尼 著
林琼娟 译

重慶出版集團 重慶出版社

Kostolanys Börsenpsychologie: Vorlesungen am Kaffeehaustisch by André Kostolany

First published 1991 by Econ Verlag

版贸核渝字 (2007) 第 5 号

图书在版编目（CIP）数据

大投资家的证券心理学 /〔匈〕安德烈 · 科斯托拉尼（André Kostolany）著；林琼娟译 .-- 重庆：重庆出版社，2007
原文书名：Kostolanys Börsenpsychologie: Vorlesungen am Kaffeehaustisch

ISBN 978-7-5366-8421-8

Ⅰ . ①大… Ⅱ . ①安… ②林… Ⅲ . 股票 - 证券投资 - 经济心理学 Ⅳ.F830.91
中国版本图书馆 CIP 数据核字 (2007) 第 023313 号

大投机家的证券心理学
DA TOUJIJIA DE ZHENGQUAN XINLIXUE
〔匈〕安德烈 · 科斯托拉尼　著
林琼娟　译

出 版 人：罗小卫
策　　划：中资海派 · 重庆出版集团科韵文化传播有限公司
执行策划：黄　河　桂　林
责任编辑：温远才　朱小玉
特约编辑：王　丹
版式设计：王若羽
封面设计：安宁书装　谈志佳

重庆出版集团 重庆出版社　出版
（重庆长江二路 205 号）

深圳市鹰达印刷有限公司制版印刷
重庆出版集团图书发行有限公司发行
邮购电话：023-68809452
E-mail：fxchu@cqph.com
全国新华书店经销

开本：787mm×1092mm　1/16　印张：12　字数：138 千
2007 年 7 月第 1 版　2011 年 7 月第 2 版第 2 次印刷
定价：32.00 元

如有印装质量问题，请致电：023-68706683

该书中文简体字版的出版，是我们对这位20世纪股市见证人最深切的怀念和感激，因为他能引领我们走向富足而幸福的生活。

黄河

中资国际投资有限公司　董事长

名家推荐

凯恩斯

新浪财经博客点击过7亿
首席理财分析师

有一次，风吹幡动，两和尚见后各执己见，其中一个说，风在动，另一个说，幡在动。六祖惠能听了他们的争论，便说："不是风动，也非幡动，是心动。"投资也是这样，不是股市在动，而是你的心在动。

2009年，我在博客讲长春高新转型做生物制药，前景非常好，第二天有人买了，接着该股跌了3天，有人亏钱走了，就留言骂我；有人不怕波动，赚了30%才走；只有一个朋友告诉我他守到今天，翻了4倍。为什么买进同一只股票，投资人收益差异这么大？差异就在心理，投资是三分方法，七分心态。所以我建议投资人好好看看《大投机家的证券心理学》。投资人要想赚钱，必须先过心理波动关。自己修心炼性，自悟净心即可，不必到心外求法。

刘建位

汇添富基金管理公司首席投资理财师

年纪大了就会明白：性格决定命运。投资久了就会明白：心理决定输赢。有七十多年资历的“股市教授”科斯托拉尼发现三个股市心理学真相：股市中短期的涨跌有90%受到心理因素的影响；影响股市行情的是投资大众对重大事件的反应而不是重大事件本身；股市中有无数愚蠢的傻瓜。他的赚钱秘诀是：从别人的愚蠢中所获得的利益往往比靠自己的智慧得来的多。如何利用别人的愚蠢而不是愚蠢地被别人利用，永远是投资心理学的主题，也是《大投机家的证券心理学》这本书的核心。

但　斌

深圳市东方港湾投资管理有限责任公司董事长

要想在波涛汹涌、跌宕起伏的证券市场里成功生存，不仅仅需要知识和经验的积累，还需要抗压的能力以及对人性的洞悉。《大投机家的证券心理学》正是科斯托拉尼这个有着七十多年资历的“股市教授”在85岁高龄时为让人们更加深刻地理解投资而写。我相信本书不仅可以帮助投资人在经济上和思想上实现独立，还可以让投资人对金融与人性的关系有更深刻的认识。

李大霄

英大证券研究所所长

13岁就开始证券投机生涯的科斯托拉尼，拥有七十多年证券投资的成功经验，不仅能把支配股市的诸多规律，用清晰简单的方式叙述出来，而且还相当擅长讲述有趣且寓意深刻的故事，可以让读者一边听着愉悦和美妙的故事，一边领悟存在于证券投资世界的深刻哲理。

科斯托拉尼自称是一位投机者，不过他所讲的投机者与人们通常所讲的不一样——人们通常提到的投机者是他所指的“证券玩家”，只靠股票价格在短期内小幅上涨来赚取投机利差的人。大师讲的投机者会注意各种影响股票价格走势的因素，如金融及货币政策、利率、国际局势等，且不会因为受到日常“利好”或“利坏”消息的干扰就立即出仓或建仓。

范卫锋

读史使人明智，要想做好投资，一定要多读历史，尤其是投资史。科斯托拉尼以其七十多年的股海沉浮史以及期间兜兜转转的心路历程，为我们再现了一个真实的投机世界。

科斯托拉尼的重要事件

巴黎是科斯托拉尼的发迹地，影响其一生的人生观与金钱观都在此时期建立，并立志成为百万富翁。此后他持美国护照在德国工作，历经两次世界大战，遭逢两次彻底的破产。但科斯托拉尼说："投机者要提得起，放得下。"每一次冲击的谷底，都让他弹跳得更高。

20 世纪 70 年代开始，科斯托拉尼多了一个新头衔——股市教授，他开始在德国和世界各大都市的咖啡馆中教授股市知识，上自王孙贵族，下至贩夫走卒，都是科斯托拉尼咖啡馆讲座中的学生。咖啡馆讲座反响热烈，不但学生人数大增，连各大金融机构、银行也争相邀请科斯托拉尼演讲，而科斯托拉尼也成为德国、奥地利多所大学的客座教授。

科斯托拉尼不仅是成功的投资者，也是广受读者喜爱的作家。虽然在 35 岁就赚得足以养老的财富，但过人的精力使他不甘就此退休，转而发展第二事业，将自己的证券交易经验与理论，写成一本本实用且平易近人的书籍，广受读者喜爱与推崇，成为关注股市的财经作家。20 世纪 60 年代以来，30 年笔耕不辍：《这就是股市》一书被翻译成 7 国语言，还拍成了电影，从此跻身畅销作家之列；1991 年的经典之作《大投机家的证券心理学》一书，更是德国大学经济系学生必读书籍。从 1987 年至今，共出版 13 本著作，在全球卖出 300 万册的佳绩，包括中国大陆、中国台湾、韩国、希腊、丹麦，都有翻译版本。此外他也是德国经济评论杂志《资本》长期的作者，供稿长达 25 年。

1999 年见证百年金融发展的科斯托拉尼因病辞世，留下财富给继承者，但留下典范给所有的读者。

2000 年《一个投机者的告白》(*Die Kunst über Geld nachzudenken*)

2000 年《科斯托拉尼的证券智慧：给投资者一百个点子》
(*Kostolanys Börsenweisheit. 100 Tipps für Geldanleger*)

2000 年《科斯托拉尼奇幻的货币和证券世界：了解证券市场》
(*Kostolanys Wunderland von Geld und Börse. Wissen, was die Börse bewegt*)

1999 年《货币，最大的冒险：一位证券客的笔记》
(*Geld, das groBe Abenteuer.Aufzeichnungen eines Börsianers*)

1999 年《这就是股票市场》
(*Das ist die Börse. Das Original aus dem Jahre 1961*)

1998 年《科斯托拉尼的最佳投资点子：最赚钱的点子》
(*Kostolanys beste Tips für Geldanleger. Profitable Ideen für Sparer und Spekulanten*)

1996 年《科斯托拉尼的证券课程：投资者和投机客须知》
(*Kostolanys Börsenseminar. Für Kapitalanleger und Spekulanten*)

1995 年《科斯托拉尼的未来计划》(*Kostolanys Bilanz der Zukunft*)

1994 年《货币与证券市场：创造财富的艺术》
(*Geld und Börse. Die Kunst, ein Vermögen zu machen*)

1993 年《科斯托拉尼最佳的赚钱故事》
(*Kostolanys beste Geldgeschichten. Profitable Ideen für Geldanleger und Spekulanten*)

1991 年《科斯托拉尼的证券心理学：在咖啡屋上课》
(*Kostolanys Börsenpsychologie. Vorlesungen am Kaffeehaustisch*)

1987 年《美元在干什么？货币投机的迷宫》
(*…und was macht der Dollar? Im lrrgarten der Währungsspekulationen*)

编辑的话

浪漫的投机家

他爱钱，他也会赚钱；
他热衷投机，他也赞成投资；
他善于积累财富，他也擅长使用财富；
他喜欢女人，他也能吸引女人。

他身处股市之中，却能超然于股市之外；
他研究资讯，却更关注人的心理；
他渴望牛市，却精于熊市；
他相信理论，却更迷信经验。

他行走江湖中，却不带江湖气；
他与金钱为伍，却不带铜臭味；
他享受生活，却不流于世俗。

他就是他，一位集财富、名声、优雅和温情于一身的大投机家，
一位能识破股市心理的证券大师。

目录
Contents

前言

物质与精神的满足

1965 年，我偶然拜读了科斯托拉尼发表的第一篇专栏文章，标题是《一个投机者的告白》。他在文中提到：“做财政部长，我不行。做银行家，我不想。我就是投机家和股票族。”

从 20 世纪 70 年代起，科斯托拉尼开始研究变幻莫测的股票市场，这是一个真实展现国民经济的地方，其中还夹杂着凭空捏造的故事情节和不实的谣言。这些因贪婪和恐惧而起的事物，往往造成股市行情非理性的涨跌。

这些对科斯托拉尼而言是值得研究的课题，并不只是工作而已。第一次世界大战后，科斯托拉尼从故乡布达佩斯移居巴黎，开始了这项终身事业。对科斯托拉尼而言，这不仅是工作，更是他生活经历的积累。科斯托拉尼说：“股市像一座热带丛林。”而他在其中所交的学费足以在哈佛念好几个学期，但相对地，收获更是加倍的。

和其他股市经济人先学理论再用他人的钱财来验证理论、增加经验的方法相反，科斯托拉尼用自己的钱实际操作股票，最后归纳出股市定理。

在第一次操作股票的经历中，他就已学习到：在股票市场里，没有什么事是不可能的。

科斯托拉尼认为光是取得所有股票信息是不够的，想象力才是投机操作的原始动力，也是成功的先决条件。因此，科斯托拉尼非常鄙视完全不具想象力的投资分析系统和股市咨询软件。股市的涨跌起伏经常是波涛汹涌，同时也充满人性的味道，应该说太过人性了，而这正是本书要讨论的主题。

科斯托拉尼认为，一向被视为浪漫主义者、哲学家或是音乐家的德国老百姓在处理金钱时反而并不浪漫，也没有表现出哲学家的气质，更不用说发挥想象力或是表现出投机技巧了。我问他，是否想过公开他的操盘经验，帮助德国人减少在股市中的损失。也就是从这一刻起，我们开始合作经营事业——包括财务咨询及股市投资研讨会。股市投资研讨会的反响超出我们的预期，越来越多的人蜂拥而至，尤其是年轻人。

本书是成功的股市操盘手及投资人必备的参考书，不但披露股票市场中的机密，更培养读者独立思考及独立操作股票的能力。本书不像是课堂上的教科书，反而更像是一本出自科斯托拉尼之手的小说，科斯托拉尼自己也说：“我不是在授课，我只是在对学生讲故事罢了。”

戈特弗里德·赫勒（Gottfried Heller）

（戈特弗里德·赫勒是安德烈·科斯托拉尼 20 年的合作伙伴）

第1章 我的三个职业

我不是任何人的主人，
也不是任何人的仆人，
这就是我的成就。

1

我快 85 岁了，尽管我还有很多时间可以变老，但借这个机会，我想要回顾我这大半辈子究竟得到了什么。

我满足吗？

是，也不是。

说不是，是因为时间过得太快。说是，是因为我只有一个愿望：经济与思想上的独立，这个愿望我已经达成了。“我不是任何人的主人，也不是任何人的仆人”，这就是我的成就。

我出生在富裕的中产阶级家庭。父亲在布达佩斯是受人敬重的企业家；母亲爱好音乐，具有真诚、高尚的思想，她没有将绘画与写作的天赋用在穿着打扮上，而是把一生的精力都投入到养育四个孩子上。正如歌德所说：“从父亲那里，我得到立身处世的躯体，从母亲那里，我得到乐观的性情与荒诞不经的兴趣。”但是我们的家产在第二次世界大战中全部付之一炬，幸亏父母让我所受到的教育使我在那之后可以照顾他们，并让他们在瑞士过着帝王般的生活。

我在布达佩斯大学主修哲学和艺术史，本来还想修音乐，但因为学员已经满额而作罢。后来我来到巴黎，进入了股市，并且留在了那里。

接着我在财经领域努力学习，转战纽约、伦敦和苏黎世。今天我把 10 个城市当成自己的家，说 4 种语言：对上帝讲匈牙利语，交朋友用法语，与银行家说英语，和学生还有女士们讲德语。

35 岁就可以退休了

35 岁时，我的第一个事业达到了顶峰，我可以退休，用投资所得养老去。在没有任何挑战和烦忧的情况下，50 岁时我得了精神官能症，成天被沮丧所困扰。在这样的境况下，我开始了第二个事业——财经记者和作家，这一切要归功于一位心理学教授。那时我向在苏黎世任教并执业的利奥波德·斯丛狄（Leopold Szondi，著名的遗传性精神疾病分析专家）教授求教，他给我进行了到目前还是很实用的斯丛狄测验。我必须把 48 张照片依喜欢或不喜欢来分类。教授将那些照片重新混在一起，让我反复测验了好几次，然后他开始计算并分析，结束时他突然问了我一个问题："您家里有谁是暴虐狂？您不用震惊，我的意思是，谁的精力充沛而且容易动怒？"

从父亲那里，我得到立身处世的躯体，从母亲那里，我得到乐观的性情与荒诞不经的兴趣。

我不假思索地回答："当然是我父亲了，他发怒的时候很吓人。我母亲则很温柔。"

"您遗传了您父亲的天性，身体里积压了许多能量，您想要发泄出来却找不到出口。您是否偶尔会暴躁不安？"

这点我必须承认。

"看吧，因为您是受过教育的，一旦要克制身体里那股蠢蠢欲动的能量，就会造成精神上的失衡。如果您是没念过书的乡下人，我会建议您去砍柴，折弯铁棍，敲碎石块；如果您年纪适中，我会建议您去学习外科，那样就可以名正言顺地对别人动刀。但现在我只能建议您写些东西。您对什么特别感兴趣？”

最令我感兴趣的就是音乐和股市。

“那您就写写关于这些方面的东西吧！”

我由衷地感谢他，并且表示一定会尝试着采纳他的建议。我还记得，当时我觉得很丢脸，在经过这位世界闻名的教授诊治后，我竟然还从他的学生身上得到一笔50法郎的酬金。

因此，我从股市专家（不需要花费多少精力）摇身一变成了财经作家。虽然我也是头号乐迷，可惜学艺不精，没办法当个专业的音乐人。我的第一本书《这就是股市》是用法文写的，而且被译成了7种语言。过了一段时间，我成了《资本》杂志的专栏作者，从此之后，我再也没有被沮丧困扰过了。伏尔泰曾经说过：“描写金钱是比赚钱简单的。”但是对我来说却完全相反，我必须先会赚钱，然后才有办法写出来。

目前《这就是股市》这本书发行已经超过30年了，除了许多正面的评价外，在苏黎世的《世界周刊》上还有过一则书评，标题是《一个伪君子的告白》（不是《一个投机者的告白》）。很显然，大家把我跟费利克斯·克鲁尔（Felix Krull）〔托马斯·曼（Thomas Mann）未完成的遗作《骗子费利克斯·克鲁尔》的主人翁〕搞混了。

我住在苏黎世的大姐对这件事十分生气，她的小弟竟然被称做伪君子！朋友也建议我上法院去控告他们，但是我一点也不这么想。太好了！我这么认为，大家一定比较喜欢看一个“伪君子”的告白，而不是随便一个财经专家所写的枯燥文章。《这就是股市》的销售相当成功。

有一本在维也纳相当知名的经济类杂志在几年前有很大一篇关于我的报道，而这个声名狼籍的字眼又再次被用上了。他们刊登了几位股市投资者对于我的看法。我的朋友、匈牙利的贵族格拉夫·安布罗奇（Graf Ambrozy），退休前是维也纳一家银行的高层领导人，现在从事兰花育种，他发表了以下的声明："我认为我相当敬重的安德烈·科斯托拉尼是一个伪君子。有一次我请他吃晚餐，最后让他付咖啡钱。"

这当然是他不算高明的玩笑，但杂志社还是很欣然地接受了他的说法。然后发生了什么事呢？因为这篇文章，我收到许多从维也纳寄来的申请函，许多人说要来上我的股市研究课程。这件事真的替我打了个实质性的广告。

16年前，我跟我的朋友兼拍档戈特弗里德·赫勒一起设计了一个股市研究课程，同时开始了我的第三个事业——"股市教授"。那时我在银行和大学里已经是相当知名的客座讲师，当然他们不会给我一个正式且常设的教职，所以我便开办了自己的研究课程，不是在大学里，而是在咖啡屋的桌子旁，讲授的便是关于股市的知识与股市预测。在这个属于我的讲台上，我实现了自己的愿望，同时也跟新的一代分享我的理论和经验。

股市教授

刚开始的1974年有30个参加者，很快就有超过3000名学生听了我的课。里面有口袋里只剩几毛的穷学生，也有刚好卖了公司不知道怎么处理那笔款项的千万富翁，有妓院的老板，也有教会的管理人员，有的甚至不止来一趟。我不得不怀疑是不是真的有"科斯托拉尼迷"存在，也有可能是他们有某种“股票瘾”吧。

这样的日子我从来不会觉得无聊，我所分析的政治跟经济基础正在逐渐改变，我的戏码也不是只有那么一丁点。有一次我和艾尔弗雷德·毕雷克（Alfred Biolek，德国公共电视台的知名脱口秀主持人及节目制作人）在一个展览会上主持一个谈话节目，他在节目结束后用钦佩的语气对我说：“每天晚上我都问您同样的问题，但您的答案却没有一次相同。”

对于股市，我绝对没有任何秘诀，秘诀是银行家跟经纪人的事。对于那些愿意赚钱或赔钱的人，这一点我必须再次强调。但是我深信，跟着我学习的“学生”，只要能够思考、分析、坚持到底，而且不犹豫，他们就一定可以成功。这是我收到的一封感谢信里的结论。

我也是个知名的“咖啡屋业余人士”，勿庸置疑，咖啡屋是股市交易者理想的非正式聚集处。我在世界各地的咖啡屋里都有固定的桌子，从巴黎、纽约、坎城到汉堡都有。在法兰克福或杜塞尔多夫某大银行的访客休息室里，在慕尼黑一家旅馆的地下室里，我甚至有“免费的”固定桌子。这要感谢我的老朋友兼学生彼得·里格（Peter Riege），他是个公务员，但闲暇时他都在从事股市投资，具有相当的热情、理想和创造性。

彼得自己也有学生，他们也都不是职业的股市专家，这并不是说他们花在股市投资上的时间比经纪人或交易商要少。相反地，我认识两个瑞士的股市老手，其中一位是验光师，另一位在瑞士餐饮界服务，我要感谢他们曾给我提供了一些相当宝贵的意见，今天他们都是相当成功的理财顾问，并且有广大的客户群。这正如同爱因斯坦所言：“想象比知识更重要。”

在“免费的固定咖啡座”上，不管形势是乐观或悲观，这个世界的命运总是被热烈地讨论并判断着。记者对我将那么多时间耗在咖啡屋里感到十分困惑。我这么回答他们:“我可以在任何地方从事我的专业工作，而不只是在交易所或书桌上，我们随时随地都可以思考。”

有时候我会被贴上“股市宗师”的标签，这个称呼我可从来没接受过，也从不需要。宗师的意思就跟教皇一样，说一就是一，没有争议的余地。尽管我们有如此丰富的经验，但还是难免犯错。一个有 70 年资历的“股市教授”的名衔，或许我还会接受。

有个朋友曾经开玩笑地说我是“股市的拉尼奇”。现在马塞尔·莱希－拉尼奇（Marcel Reich-Ranicki，德国文坛中极富影响力的文学评论家）也被当成“教皇”（文学界）了，人们对我们俩都有“无须争辩”的评价，我们都耽误了学术上的成就，也都被学校所敌视。但是拉尼奇还是影响了一个时代的文学评论，而我并不想知道有多少股市评论编辑或他们的眼线曾经出现在我的课堂里。

我的犹太遗产

当我在演讲时用到某些特定的字眼时，像“希特勒”、“犹太人”，特别是“奥斯维辛”，我就会感觉到房间里有一股冷风袭来，感觉就像是有个黑暗中的魔鬼从房里走过。我当场就觉得我可能说了些什么蠢话或违背了某些禁忌，要知道有些话是不能公开说出来的。

有一次，发生了一件很糟糕的事情。那是在法兰克福举行的一次会议上，当时讨论的议题是国库破产的利与弊，几个在场的“先知”预言说，德国马克马上就会没有价值了。我当场提出反对，德国的货币一向都只在吃了败仗后才会贬值，像第一次世界大战还有希特勒弄垮德国之后。晚上我回到旅馆后收到一封信，信里面写道，我的头皮应该被拿来当灯罩。

这当然是特例，通常我只会收到思想上的警告，有些是在背地里偷偷说的，有些则是真实可信的。有一次在讨论关于上帝跟金钱的问题时，约翰侯爵跟他的邻座悄悄地说："看看这个聪明的老犹太人会说些什么。"这我倒觉得无所谓，从他身上我并没有感受到反犹太的怨念，反而听出了恭维的意思。我顶着个不怎么舒适的名字，大家一看就知道，我出生在一个老旧的时代，在那年代，匈牙利人听起来就好像是从外层空间来的。我还背着这个壳在世界各地的股市四处闯荡。"从这个世界主义的老犹太身上，应该可以学到什么东西吧！"一些人可能喜欢这么想。

虽是犹太人出身，但我却是受洗过的天主教徒，我的双亲也以天主教的仪式埋葬在苏黎世山上。我从来不觉得我是个犹太人，一直到希特勒掌权后，对他来说我就是犹太人。当他在犹太人身上做了那么多恐怖的事后，我心里头深深感到刺痛，就像每个犹太人所感受到的一样。

1940 年法国被占领后，我从法国经过西班牙流亡到美国。那时候有一些麻烦，分配给匈牙利的移民名额非常地少，必须要等 20 年才排得到。后来我拿到了一张签证，证明我是受洗过的天主教徒。依据当时的匈牙利法令，我不算是犹太人，当时的匈牙利犹太法令也不适用于我，我可以随时回到匈牙利。一开始我的犹太身份并没有问题，直到后来德国占领匈牙利，并且实施了种族隔离政策。

对希特勒来说，诋毁犹太民族是一件很简单的事，他把犹太人当成投机分子，而部分犹太人的确也是。犹太人从事金钱交易是因为他们不被允许从事其他行业，因此他们独占这个行业有好长一段时间，子承父业，如此资产便一直延续下去。很多犹太人因为某些渴望，离开了散居在各处的犹太人，不只在财务金融上，还在数学、物理以及音乐等各领域中开创了一番大事业。其实金钱交易并非天生就是犹太人的专业，中国人在这方面同样精明，还有亚美尼亚人。在华尔街里我们可以看到来自各个国家和各个种族的优秀人才。

我希望用一个令人欣慰的故事来结束这个严肃的主题。几年前我再次到威尼斯，在穿过数不尽的小巷，跨过数不尽的小桥后，我来到一个封闭的广场。突然，一个没了牙齿的老妇人从一个地下室里爬了出来，身上穿着破布衣服，对我友善地打招呼："夏罗姆（Schalom，希伯莱文自由的意思）。"我站在一个犹太人居住区里，这个广场破旧而且空空荡荡。

老妇人试着用意大利文跟我交谈，带我参观这个犹太区。我们走过几条破旧的小巷子，"这是旧的，这是新的犹太教堂，这是养老院，这是托儿所，这是犹太法典学校……"老妇人指着一座座建筑物说着。但是说真的，我对这些一点兴趣也没有，我随口问起："在这个你们所说的犹太区里住了多少人呢？"

"哦，先生，是这样的，我们这里只剩下300个人了，以前这里还有3 000个犹太人，范围有好几里呢！这里曾经挤满了人，有老的少的，有商人和工匠。不过如今已经好景不再了。"我想这应该是希特勒军队造成的不幸。"那他们都到哪儿去了？"我问她，对这恐怖的答案已经有了心理准备。

"唉！"老妇人忧郁地叹了一口气说，"他们都走了，到很远的地方去了，去圣马可广场，在大运河旁边，他们都是生意人、银行家、有钱人……”

有一位记者曾经这么写道：“没有人能像安德烈·科斯托拉尼那样为股市做了这么多，因为科斯托拉尼‘误导’了整个时代，让人们埋头在股市里。”这真的是反对我的意思吗？我想我可以接受。

我当然喜欢赞同和喝彩，所以我才会写书和举行演讲。令我感到愉悦的并不是那点稿酬，而是读者们听了我的观点后乐意拿出更多的金额去投资。不容置疑，比起赚钱这种事，领取酬劳对我来说更有乐趣。成名的画家也是一样，卖画所得对他们的成就是很有力的证明。

对我来说，跟年轻人的接触也是意义重大的。当有学生邀请我发表演讲时，一开始我都会感觉到他们对我充满敬意，但他们很快就会发现我只是个凡人，而且乐于跟他们闲聊好几个钟头。我自己刚开始接触股市的时候，大部分知识都是靠口耳相传学来的（而不是通过自己实际操作），那些股市老专家们至少都年长我三四十岁。今天，我的学生比我年轻五六十岁是常有的事。

投机是在资产与破产之间的海上航行。

我们有些谈话内容完全跟财经无关，年轻人也想从我这里学到一些别的东西，比如社交的规矩和礼节、言谈举止与装扮等等。有几个甚至还模仿我的穿着，虽然他们不一定也打着领结，但至少风格上是跟我一样的。我一直都是穿着打扮方面的专家，这也是我最好的投资之一。在一次访谈里我简短地回答说：“我的投资中还包括我的服饰。”我年轻的时候就很重视这一方面，也许是因为我对自己的外表不自信，反正我从来就不是帅哥。所以我尽可能地把自己打扮得光鲜亮丽，当时的我也可以算得上是一个“纨绔子弟”吧。当我被问起穿着秘诀时，我总是回答：“穿着宁可保守一些，也不要太时髦。”如果人家没有问我某某人的穿着如何时，我就不会对别人的装扮发表评论，我不想在这方面让大家彼此尴尬。

不一定要富有，但一定要独立

经济上的宽裕使我的思想得以独立，在这种情况下遭人忌妒也是可以理解的，但是这并不会困扰我，因为我情愿有几千个人忌妒我，也不希望有一个人同情我。尽管如此，我还是有百十来个朋友，最年轻的 15 岁，最老的 105 岁，刚刚去世。他们中有学生、教授、千万富翁、皇族王子和教会侯爵，也有街头流氓和小偷。

我还有什么没经历过呢？有哪里我还没有住过和投资过呢？有一段时间我经常失眠，一失眠我就用老办法——开始数数，但不是数羊，刚开始我数我的同学，然后数我住过的城市和国家，我去过的歌剧院，我认识的女性……但是当我数到曾经与我共事的股市经纪人，还有我曾经待过的股市时，我就开始有点恍惚了，在数到第 50 个的时候，我相信那就是里斯本——我就已经睡着了。

各种晚会上只有一个话题：金钱。你是谁并不重要，重要的是你挣到多少钱，拥有多少财富。

年老给我带来了哪些利弊呢？年老改变了我的心理，改变了我的时间观念。年轻的时候，我老觉得时间紧迫，想快点赚钱，觉得自己被投机的风险游戏深深吸引，大脑总是飞速地运转着。今天我则是用泰然处之的心态来看待日常琐事，我不知道明天会怎样，但是我知道昨天和今天，这就够了。现在我可以慢慢地想，想一整年的计划，其实我也不知道，明年我还在不在。时间过得飞快，不够去做我有兴趣的事情，我希望一天可以有 48 小时。

我已经没办法再学习新的东西了，但是我们这些老人在自己的圈子里却越来越活跃。每天我都在学习着，每个日常小经验、小事件都会输入到我的个人计算机里（我的脑袋），经过吸收、衡量，把多余的、不重要的信息删除掉，然后将剩余的信息根据以往的认识自动分类。

我必须持续保持注意力，才有办法处理经济市场上数不清的问题，所以我特别专注于锻炼某个特长，很多心理学家认为这是很少见的。当我不需要用到脑袋时，我可以关掉它，里面是完全的“一片漆黑”；当我需要用它来解决问题时，我可以把“灯”打开，把情况看得清清楚楚。我的工作室凌乱得可以用狗窝来形容，但是我的脑子里永远都是有条不紊的。

有一次，一个 25 岁的小伙子带着幸灾乐祸和不怀好意的态度问我，我是不是打算要骗他？“没错，”我回答说，“除非你可以把我的经验和体会放在箱子里打包带走！”他并不知道，老年人也有属于自己的小乐趣。他也不知道，我们这些超过 80 岁的老人家在巴黎可以享受到一项特殊的服务——搭地下铁时，可以在早上 9 点到下午 5 点间，用二等车厢的票坐头等车厢。人生从 85 岁才开始，我说得没错吧？

第2章 日不落帝国：股市

你在世界上任何一个角落按下按键，
5 000 公里外都可以感觉得到，
这就是股市。

2

当欧洲的股市停止交易时，纽约股市正要醒过来，几个钟头后是芝加哥，然后是旧金山。当美国的黑夜来临，华尔街悄然入睡那一刻，世界另一端的东京股市正开始迎接每日拥进拥出的人潮，接着是中国香港、新加坡、悉尼、孟买。然后再由特拉维夫跟雅典来接班，接着是米兰跟马德里，同时还有法兰克福、巴黎和伦敦。几个钟头后又是华尔街上场，如此形成一个 24 小时的循环。

今天我要从新诞生的布达佩斯股市讲起。为了这个新股市的诞生，我用匈牙利语进行了一场演讲，因为我必须让年轻的匈牙利执政党了解到，股市的存在对经济发展是不可或缺的。

我可以毫不夸张地说，布达佩斯股市曾经是世界的金融中心。布达佩斯的证券跟谷物交易所位于同一栋具有艺术风格的建筑物内，在 1914 年以前这曾是欧洲的重要标志。当时整个匈牙利都投入到谷物交易中。1949 年的时候，两个股市同时停业，当时我也在场并有幸经历了这最后的一天。

从布达佩斯往西行

经过 40 年的冬眠之后，布达佩斯证券交易所于 1988 年再次以微型交易所的姿态出现。1990 年之后，它逐渐蜕变为迷你交易所，只有 60 只股票、35 家合作银行与经纪公司，操盘手们全部围坐在一张马蹄铁形的桌子旁，从早上 10：00 点到 12：00 点，他们高喊着买进卖出。虽然这只是个交易量微薄的迷你股市，但仍是个股市。

多年前我到前苏联考察，一心想着要到著名的“已故”莫斯科与圣彼得堡交易所表达我的敬意。但在莫斯科，没有人可以告诉我，哪里可以找到老交易所，多数人甚至连一点概念也没有。最后我遇到了一位老人家，他带我来到那栋当时已成为百货公司的建筑物前。在列宁格勒，我从老旧的刺绣画里得知交易所的位置：就在聂瓦河边，正对着曙光女神号装甲巡洋舰的停靠处，现在已成了海军博物馆。我始终无法忘怀这两幅记忆里的画面。

4 年前，在一场大学内的演讲结束后，两位从莫斯科来的教授上前对我说：“我们想邀请您到莫斯科大学做一场演讲。”听后我非常高兴，能够有机会在莫斯科与圣彼得堡这两个老交易所重新开幕时一睹盛况是多么令人激动的事。

从布达佩斯，我们随着太阳的方向往西而行。下一站是维也纳，那是一个可爱的小股市，有着悠久的传统。尽管已今非昔比，它仍在三四年前破茧而出，蜕变成为成功的股市，创造了可观的利润，但其交易量相对于大的交易市场而言还是比较少的。尽管如此，维也纳股市对自己的“表现”仍是相当自豪。

和维也纳完全不同，苏黎士股市则拥有大量的营业额、大量的投资客和来自世界各地的国际监督员以及大量的喧哗声。瑞士人认为没有必要跑到美国去交易，所以当欧洲人从前一晚的华尔街行情看出一些端倪时，不用等到第二天华尔街股市开盘，他们马上就可以在苏黎士股市里操作美国股票。

此时，米兰的交易也生机勃勃地展开了，这里是一个属于冒险者的游乐场，在交易厅里，妇女们也一样热衷于操盘。隔壁的威尼斯是一个迷你股市，坐落在世界上最美的大道——运河大道上。然后是罗马，这是根据梵帝冈教廷的公告于1821年成立的证券交易所。

就南方的代表而言，绝不能漏掉马德里和里斯本。马德里有着最美丽的交易厅和相当优雅的经纪人。民众可以免费进入画廊，但现在已经不大值得了。现在这里是越来越安静了，因为经纪人已逐渐通过计算机取代过去繁忙的作业。有趣的是，佛朗哥将军的画像还一直悬挂在交易所的一个会议厅里。今天的西班牙股市或许不是那么重要，但是不难预见它光明的前景。而在巴塞罗那有一个好处，每个人都可以从交易里获得大概50比索的报酬。

对金钱的追求是经济进步的动力。挣钱的机会解放了创造力，刺激了劳动和冒险精神。

从黄金之街到拾荒者之街

里斯本股市一直都在，但是在斯皮诺拉（Spinola）的统治下一直呈现出假死状态。当时在葡萄牙不但所有企业国有化，甚至不准有股票保管箱。在一次拜访中我亲身经历了一天中只完成三笔交易（公债）的情况，甚至比对面河边跳蚤市场的交易量还少。不久后我便找到了答案，我把连着交易所的三条街名念一遍——黄金之街、白银之街、拾荒者之街，突然恍然大悟，人们从前面两条街走进交易所，然后却从后面那条街走出交易所……

现在随着世界各股市的振兴，自葡萄牙加入欧盟后，里斯本已经从假死状态中渐渐苏醒过来了。我已经给那边的学生做了一场演讲，向他们传授市场交易的秘密。

法兰克福与德国其他股市是站在同一条线上的。法兰克福曾经是红衣主教的封地，直至今日人们还常谈起一件轶事，那位神奇的犹太经济师有一次被问到接下来的几年该怎么操作股票时，他迅速但语带双关地回答："买不卖。"没有逗号，就连最聪明的人听了也摸不着头脑。

杜塞尔多夫是股市的后起之秀，是一个具有德国风格的严谨组织。柏林交易所曾经拥有大量的期货交易、期权交易与舒适且先进的设备（如同现在的法兰克福），而今却沦为法兰克福与杜塞尔多夫的分公司。

慕尼黑交易所入口处的一块青铜碑上刻着"投机买卖"，直截了当地告诉人们里头正在进行些什么，而前东德境内的第一个股市应该是莱比锡。

继续往北走，会来到布鲁塞尔跟阿姆斯特丹的股市，以前这里有最多的女性顾客，因此气氛相当歇斯底里。人们对它们的过去充满骄傲，因为这是荷兰最早具备现代观念的股市，早在17世纪时的运作方式就已经如同今日计算机化的股市了。

再往北一点是哥本哈根股市，它被安置在一幢老旧的王宫里，是世界上最友善的股市。每位来访的外国交易员都被热诚接待并有机会享用各种美食。

奥斯陆，"每一位正直的人都可以进来"，它的一项条文如此说明着。

我留下来只是为了看个明白，什么样的人才算正直。

斯德哥尔摩，最安静的股市，连一根针掉在地上都听得见，带着北方的冷漠。1932 年我就曾拜访过这个股市，当时斯德哥尔摩已经成功地以电子设备开价，所以在那里听不到“我要卖……、我要买……”之类的喧嚣。买进与卖出、数量与行情，只需以手按键，其他的就交给计算机去处理。

我怎么可能忘了巴黎，这个我从小长大、接受新思想最多的地方！几年前这里的交易所还有为数不少的民众流连，在 5 000 ~ 10 000 人之间，视当日的头条新闻而定。可惜的是,今日的巴黎证券交易所已显得冷清了，大概还有几百人聚集在这里，但也只是聊聊小道消息罢了。

伦敦，因为其传统与礼节，是所有股市里最富贵族气派与国际性特质的。但是，太可怕了，不久前在雄伟美丽的交易厅里，我数一数竟然不到 20 人，都是计算机！计算机把这些年轻的“金童”和他们老板的数 10 亿资金要得团团转。在 1987 年经济恐慌之后有 6 万人被炒鱿鱼，因为他们造成的损失实在是难以估计。

这里的交易从贵金属到胡椒都一样活跃。还有一个完全不同的市场：黄金与白银的买卖。在一栋大楼的一间办公室里，每天早上 10：30，五个“金银经纪人”会在这里开会，他们都是贵金属市场举足轻重的经纪人。他们聚在一起可不只是为了喝喝茶，而是为了确定黄金跟白银的行情。尽管芝加哥已经成了这类交易的强劲对手，但这五个经纪人老早就掌握了世界各地的委托书。不久之前，莫斯科也提出要求，想在市场上插一脚，因为长久以来莫斯科都只是扮演卖方的角色。几分钟后，会议在没有混乱与喧嚷的情况下结束，行情便通过电报传送到世界各个角落，并有可能在当地引起轩然大波。

三人成市

欧洲之后，让我们先到几个南美洲的股市去看看。

布宜诺斯艾利斯像一个大型赌场，既嘈杂又野蛮，大家都在这里浑水摸鱼。

阿根廷国内的政治事件强烈影响着股市，有时候会使行情产生巨幅震荡。

利马，一个小型股市。我有一次去拜访时，里面一共只有三个人，经理负责主持大局，经纪人负责记录行情，还有一个投资人，每当行情被记录下来，他就负责摇摇头。

卡拉卡股市是由 19 世纪一场树下的会议开始的，时至今日，它已摇身一变，成为拥有一栋相当现代化的大楼的股市。

里约热内卢曾经有过一段相当知名的黄金时期，甚至连里斯本也为之感染。当其他南美人咬紧牙关度日或南美洲被混乱所笼罩时，里约热内卢的交易就特别活跃，尤其是外汇市场；然而当别处回归平静时，他们却又反其道而行之。

现在到华尔街啦，关于华尔街，有数不尽的书籍、文章与研究论文，所以我也就没有太多新的东西可以说。美国的心脏是随着华尔街的脉搏而跳动的。在一旁有细心的政府机关随时监视着，以保护那些时常被“抢劫”的百姓。可惜这对他们来说没用，因为团体的利益太强势了，足以阻扰许多已设置的重要措施。

美国投资者有先进的科技可供使用，行情节拍器的步调跟开盘同步，所以说在太平洋这边的经纪人必须早上 6:00 就到办公室里等待，那真是辛苦的工作呀！在印第安纳州或新墨西哥州的小城里，玩家可以同步参与纽约的交易，更棒的是，他们甚至可以直接参与庆功宴。交易量的多寡可以从节拍器的节奏得知。节拍器安静摆动，表示交易量不大。若机器的速度突然加快，而且交易的速度无法跟上的话，就表示华尔街有大动作。爆炸或恐慌，从节拍器的声响里可以听得一清二楚。

芝加哥曾是谷物交易所的女王，交易告示板每天操控着人们的面包价钱。而今天已不只如此，芝加哥还是一个充满利息、货币的赌盘。投入一点点，就可以让人赚或赔上百万元。相对于这种反常的轮盘赌注，证券交易只不过是小小的三人牌戏。我常常写文章反对这种情形，不过那也只是旷野里微弱的声音罢了！

两个钟头后来到旧金山，在这里人们拿新闻来做生意，利用的是纽约新闻截稿后的第一手消息。

现代日不落帝国

接着横越太平洋，东京有世界上最活跃的股市，也是日本人每日生活的焦点。他们有那么多钱，却不知从何用起，所以他们买世界上任何“金钱可以买得到的”东西。但当他们从世界各地买了那么多东西后，为什么不买自己的股票呢？整个城市都在谈论股市，日本出版社卖得最好的是关于投资的书。连政府也在行情趋势里扮演着重要的角色，只有政府下令买或卖，交易行情才会稳住。日本人的思想行为是欧洲人完全无法理解的。

继续往西，来到香港，股市里的巴比伦塔，从英文到中文，从法文到匈牙利文，从犹太文到俄文，在这里可以听到每种语言。香港是上海的接班人，但是还要多久时间呢？

悉尼有英国的传统与美国的经济计划，主要的演员都是欧洲人。他们由匈牙利难民所组成，因此这里并不适合儿童或心脏病患者。这里很容易就买到股票，但是通常也很难脱手。

约翰内斯堡反而是用英式风格建构的，参考计算机时代前的伦敦股票交易模式。尽管政治环境十分复杂，这里却是个严谨的市场，同时操控着庞大的地下金矿。

孟买也是以英国风格来主持的股市，操着浓厚英国腔的祆教徒是主角。买卖的产品主要是透过地下管道而来的黄金。在这里什么都有人买卖，木棉、黄麻，有时候甚至还有威士忌，少部分的人在这里寻找幸运的踪迹。

在往西的旅途上会经过特拉维夫，只是这里的交易所十分难找。在以阿战争的数年间，股市的成员在空袭时逃到防空洞里，在危险过后他们又跑回交易所热烈地进行交易，好像什么事情都没发生过似的。

伊斯坦布尔的股市是在博斯普鲁斯海峡边的一个鱼子加工厂开始的，这里各色人种都有，希腊人、叙利亚人、亚美尼亚人、约旦人，全世界的人都有了，就是没有土耳其人。

投机者中的世界主义者不应仅仅分析和观察自己国内的股票市场，还应该分析和观察全球发生的事件、世界各国的政策、资金流动……

现在，在 24 小时还没跑完之前，我们来到了雅典，一个 1901 年建立的现代股市。在苏格拉底之树两步之外，后代子孙很早之前便在外套跟圆柱之间找到了金钱交换的迹象。

你在世界上任何一个角落按下按键，5 000 公里外都可以感觉得到，这就是股市。全世界的股市都连在一起，成为一个系统，且彼此依赖，如同恺撒大帝的帝国，一个太阳永远不西沉的帝国。

第3章 心理学造就90%的行情

对于大众心理反应的强弱还有关键的时机，
经验老到的股票一族有时可以预测到。

3

我的表弟乔治·卡托那（George Katona）定居美国，他曾在德国求学，是一个经济学教授。他专攻的是经济心理学，著有《大众消费》、《心理经济学》及《消费者和企业行为》。至今，想进一步研究其他经济范畴的学者，都视其著作为最基本的必读刊物。

大约在30年前，我的另一本书《这就是股市》出版后，我收到乔治的一封信，信上说他已读完全书，并从中获得许多乐趣，也十分认同书中所阐述的观点。但有一件事，他与我的看法不同。我认为股市中的群众心理反应或单一投资人的心理反应，都是不可预计的。但他却认为这是可以推测和预计的。他说："今年夏天我会去巴黎跟你解释我的想法。"但遗憾的是，不久后他便辞世了，徒留一个问号在我心中。

事后我不断思考推敲，到底是什么缘由使他确信群众心理是可以推测估计的呢？这对每一个投资人来说都是个举足轻重的问题，经过深思熟虑之后，我得出这样的结论：个人及大众的深层心理动机和反应的确会在某种情况下变得难以预料。不过，对于大众心理反应的强弱程度还有关键的时机，经验老到的股票族有时还是预料得到的，不，不该说是"预料"，应该是猜想或预测。

股市术语

我要强调，我绝对没有高估心理学在股票操作中所扮演的角色。股市中，短期的涨跌有 90%受心理因素的影响。股市心理学是一门极具敏锐触觉的学问，几乎称得上是一种艺术了。股市中最常用到的话有：或许、希望、可能、有这种可能、虽说、虽然如此、然而、我觉得、我在想、可是、似乎、这在我看来……所有这些想的、说的话，都语带保留，最后发展结果也可能完全不同。

不论在世界上的哪一个股票市场中，最不好的股票就是所谓的“概念股”，因为概念股的股价完全不随趋势走动，全球各地股市皆然。这种股票高低震荡，表现的只不过是 10 万名歇斯底里的股票专家或所谓的半吊子行家的反应罢了，而这些人的想法往往说变就变。

很多人喜欢说，根本无法看懂现今的股市。我要说，**股市要是能被看懂，就不叫股市了**。股票玩家是在一池浑水中钓鱼，边钓边放一堆空头废话，池水就这样被他们自己搞得更混浊了。媒体则继续散播这种“股市智能”，这么一来，报道及评论给出的消息完全是一团混乱。往往是股价变动之后，他们才急忙找出其中的原因，然后再放个马后炮。

今日有人说，股市行情会下跌，是因为失业率下降，失业率下降造成通货膨胀，导致利息升高。过几天，大家反过来又担心失业率攀升会成为经济衰退的征候，出现较高的贸易赤字。

同样的消息，可以一下把它解释为利多，一下又将其视为负面消息。出口量过大会造成通货膨胀，这时大家把美圆走稳视为好事，因为美联储就不必提高利息了，这么说或许也不无道理；过两天，大家又把美圆走稳说成是负面因素，然后是这样，然后是那样……要是专家心情不爽，再怎么样也没用。

我不得不承认，往往连我也猜不透，大众对某个事件、一则金融消息，或者是对一条传闻，到底会有正面还是负面的反应。因为一条新闻对经济的发展会有何种影响、对自己的投资是好是坏、对股市整体是利是弊，基本上交易人自己都一无所知。股市往往像个酒鬼，听到好消息哭，听到坏消息笑。为了说清楚讲明白，我要引用一个外汇投资的例子。

20 世纪 70 年代，美圆便承受过这样的心理情结，当时阿拉伯半岛国家共同成立一个石油输出国组织。美国人深信这个组织的成立将会使原油价格持续攀升。每当价格上涨时，美圆外汇的投资人便急呼："如此一来，将造成通货膨胀，对美圆行情亦十分不利。"这样的呼声代表投资人看空美圆，因此，美圆外汇价格也就应声而跌。

股市往往像个酒鬼，听到好消息哭，听到坏消息笑。

就在此时，我在《资本》杂志的专栏写道："这样的市场反应真是荒谬。"原油价格上涨，表示油价的相对价格提高。一些工业大国如日本、法国或是德国对美圆的需求便会增加。美圆需求大增应视为利多行情，可是投资人却反其道而行，让美圆一再贬值。

快乐，但不幸福

几年后，到了 80 年代，美圆创了历史新低，这时有人对这样的形势给予了完全相反的说法，他们说这是因为全球石油消耗量下降，而原油价格相对也就下跌。这一次的解读总算和后来的实际发展相符，美圆后来因工业国家对美圆的需求减少而随之贬值。

在70年代，每次“石油危机”一出现都会带来这样的预测：石油价格上涨，代表出产石油的阿拉伯国家手头上会有较多美圆以供支配，他们可以用美圆跟工业国家换购货物，如此一来，石油危机便有助于经济蓬勃发展。但与此同时也有不同的声音：原油及燃料费用大幅提高会导致其他消费支出紧缩，这意谓着石油危机将严重危害到经济发展。

总而言之，对行情发展的解读总是事后才出现，总是在股市及外汇行情上下波动之后，才有数不清的投机客、投资顾问和行情分析师用完全相反的理由来解释行情发展，也就是“行情造就报道，而非报道造就行情”。

媒体的报道对行情发展并无决定性的影响，而股票投资人也毫无缘由地对行情持悲观态度。这种情形就像我的老朋友格林一样，格林是移居美国的维也纳人，有一次他的同事问他：“你在美国快乐吗？”他抑郁地回答：“虽然快乐，但并不幸福。”对股票行情的悲观源自股票玩家本身的性格。他们不太用脑袋思考，也很少在意股市中的重大事件所代表的真正涵义。他们只想以买卖操作来踏出有利的一步，并在赌局中生存下来。天哪！这些人的行为完全是冲动的表现。

如果多数人在股市发生重大事件时，不分青红皂白地乱伸一脚，股市就越容易陷入不稳定的气氛中。这时，基本面就显得非常重要。例如，投资者采取什么样的行动？他们是否将所有钱投入股市？还是他们投资的金额比所拥有的钱少？

形势经常是这样：股票上涨时，公司的营业收入也会有很好的表现。分析师说，在这样的情况下，股市表现将趋于平稳，因为好的经营表现会让投资大众对这只股票保持高度关注。在我看来，这样的说法简直大错特错。因为在行情上涨时，营收越高，就会有越多股票由“强手”

转至“弱手”，也就是由意志坚定的人手中转换到意志薄弱的人手中。一旦所有股票为意志薄弱之人所持有，经济危机肯定就不远了。

思考、逻辑、精准

有些人可能察觉到，我在这里以“股市心理及经济心理学家”的身份出现是多么狂妄的一件事。但这是因为我不仅专研经济学，还致力于心理学研究。凭着多年来在股海迷航中缴纳学费换来的股票操作经验，我喜欢把后者也加入到我的研究项目中。幸运的是，我总能在客观分析时完全保持中立的态度。

非但如此，我还非常重视三个要素：思考、逻辑、精准。当我在准备一个投机计划时，我的思考过程完全没有错误，就像在演奏音乐时，没有任何一个曲调走音。

但并非每个人都和我一样注重思考。不久前，在唐姆市的技术学院，我对着上千名学生发表演说。在提问时间将要结束之前，一名学生提出了一个有趣又犀利的问题：“如果必须反复思考这么多问题，那到底还值不值得加入股票一族？”他大概认为只要定期阅读股市行情的相关演示文稿，就能成为杰出的股票操盘手。

学者们常常暗自嘲笑我的看法和论点，但还是会仔细倾听我的演说，更不用说成千上万参加研讨会的支持者，或是听过我演讲的数不清的学生了。学者们也许把我当成未受过专业训练的蹩脚江湖郎中。到了我这样的年纪，这样的诬蔑算什么？就算当个江湖老郎中也无所谓。因为我宁愿是一个未受过专业训练的投机客，是一个上了 70 岁还在 70 个号子里随处参观的驼背股票族，也不愿是一个训练有素却不曾在证券交易所待上过24小时的经济学家。

康茨坦大学的一位经济学教授曾当着学生的面骂我是江湖骗子。我向他下了战帖，要和他公开辩论一个主题，看看谁比较懂经济和金融，但迄今为止他仍未对我的挑战作出回应。

因此，我现在仍要向读者阐述我所累积的丰富经验以及结合人类心理和群众心理所归纳出的结论。这个过程气氛轻松活泼，像是一场在咖啡厅举办的讲座，而非枯燥迂腐的大学讲课。来自于我个人经历的生活小故事及回忆中的投机客、股票玩家、狡猾的老狐狸等，全都与股市有着密不可分的关系，同时也是我生活经验的全部。这些让我能看穿股市中所玩的心理战。我敢说在100次心理战中，至少有51次我都能够站在胜利的一方。

看看你的周围，这里所有的东西都取决于一件事物：就是看傻帽比股票多还是股票比傻帽多。

第 4 章

股市和迷信

一旦踏入赌场或股市大厅，
连最有智慧的人都会把才智搁在衣帽间里。

4

许多股市玩家（也包含一些投机客）有迷信和拜物的倾向，这种倾向可能导致某种程度的危险；不过当某一特定股票在短时间内成为指标股时，这就成了无伤大雅的例外。股市投机客几乎都是迷信的，因为他通常会秉持一个从各方面来看都合乎逻辑的观点，而且是以确切论证为基础的观点。这是可以预料到的，不过，尽管如此，他仍会强调投机行为是不对的，然后他会说："我真倒霉！"在他把失败归咎于倒霉时，就已经是迷信了。

通常迷信总和直觉脱不了关系，直觉是很有用的。当人们参与股市交易，感觉自己好像搭错车时，通常会有必须往外跳的直觉，不过人们必须先确定这真的是一辆错误的车，而这就是思考与直觉的混合了。

一般而言，女性有一种特别且强烈的直觉和本能，这些特质往往可以弥补男人在逻辑思考方面的不足，所以投机客也应该重视女性的意见。

直觉只是一种无意识、出于本能的逻辑，是结合长年以来股市经验、生活体验及幻想而衍生出的一种产物。在夜晚，透过无意识的脑力活动形成一种想法；到了早上，这个想法便衍生成了我们所谓的直觉与灵感。不过，若是单单只依靠和相信幻想，那是十分危险的。

我是迷信的

我不得不承认，我也是迷信的。举例来说，我走在街上时突然发现，我竟然把一份重要的会谈资料放在家里，忘了带出来，但我又不能回头去拿，我会认为这可能是不幸的前兆。或者，我掉了一枚钱币，我会告诉自己，这次损失会有补偿，一定会带来想不到的收益。

不久前，在一场针对税务顾问的联合餐会上的演说之后，我正要搭出租车前往科隆机场，一位与会者邀我坐他的车一同前往，这是第一个好运。在机场，我在无预约的情况下，竟然在飞机起飞前20分钟得到一个座位，这是第二个好运。接着，我惊讶地发现，身边坐的竟然是好友卡尔·齐默勒（Carl Zimmerer），他正好也要前往慕尼黑，这是第三个好运。我们天南地北地聊了起来，卡尔顺势谈到刚刚才买的一只股票，这话题实在是令我再满意不过了。就在到达慕尼黑的同时，我也得到了一张订单。直到现在，这份好运还伴随着我。

有时我也会有情感上的考虑。童年时，我读过一本名为《隧道》的长篇小说，作者是伯恩哈德·凯勒曼（Bernhard Kellermann）。这是一本科幻小说，描述当时美国与欧洲共同建造一座隧道的过程。当双方在凿通的隧道中央见面时，那种欢腾的情景令我终生难忘。所以现在我买了英法合资的欧洲隧道公司（Euro-Tunnel-Gesellschaft）的股票，只是为了把握英吉利海峡隧道开通的最佳投机时刻。也许会有损失，也许会赚得更多，无论如何，购买这些股票是出自于我的多愁善感及个人的业余爱好。

我有许多的护身符，而且会随身携带。当我在咖啡馆不小心打碎玻璃杯时，我会立刻捡起一块碎片，包起来当成吉祥物。到现在为止，我的生活一直都过得很顺利，因此我很感谢上帝。不过，我究竟该把多少部分归功于幸运物呢？这是信仰，还是迷信？我觉得两者都有。

但当一个人依赖迷信来进行财务投资时，他便成为了一个玩家，就好比我年轻时的写照：我知道游戏的规则，而且是在痛苦中学习的。随着年龄和经验的增长，现在的我，是一个不折不扣的固执的人，我认为让自己有一些无害的迷信和拜物心理，那是可以的。

数字魔术

有些股市玩家相信数字魔术以及日期重复所代表的意义。13 号星期五当天，人们在做重大决定时总会特别谨慎。即使有肯定的想法，我也会说："我正巧在今天冒了一个险！" 在芝加哥的期货指数市场，每几个月就会有一个重复的特定日子，有三个选择权的期限在同一天到期，这天就被芝加哥投资人称为"三巫日"（注：由于指数选择权、指数期货与指数期货选择权，均以契约月份之第三个星期五做为最后交割日，故在当天及之前几天，投资者便会在市场上大量平仓，造成较大的价格波动，故称三巫日）。他们定期重复着恐惧，害怕在这个日子里股市会发生大灾难。当然这纯粹只是迷信罢了。同样的道理，人们也可以将棒球比赛的结果或女性身上的裙子作为判定股市趋势的依据。

这群股市玩家并未以轻松和幽默的态度来看待这些事情，反倒是将他们既定的想法加入了愤怒，并且神化，这便成为了一种变态行为。

神化论者随着时间而改变，不过他们都有一个共通点，那就是他们最后都对迷信感到失望。

多年以来，所有股市玩家都为流动资金所迷惑，这是有逻辑可循的。银行为了吸引存户，就会调高利息，但高额的利息却不利于股市发展。不景气时，人们指望股市会更好，而联邦政府为了促进经济，就会调降利息。低利息，就意味着更多的现金流动，对股市而言是最佳的利好。

后来，经济指标成为新的崇拜对象，当增长指数上升到某一程度时，投资人便积极买进，尽管增长率上升会伴随有更高的利息，而这对股市其实是负面的影响。但令人生气的是：增长指标每星期都在修正。

另外，期货投机者的理论也是十分荒谬的。不久前，我认为在银价和大豆价格之间存在着一个恒定的差距；当银价上涨到一定行情时，大豆价格也必定会涨。为什么呢？因为投机者利用这两种物品来谋取利益，当银价上涨至一定程度时，这些投机者手中便有更多的现金可以用来买黄豆。

如果你对交易所怀有一种激情，那么你就能在交易所里发现世界历史的镜像。

基于同样的理由，玩家肯定地认为，相同的理论也适用于贵金属：当黄金价是 X 的时候，白金一定也有上涨空间。但结果是：有很长一段时间，白金价格都在黄金之下。结论错得离谱。

我认为这些理论适用于愚昧大众，只适合于那些必须给顾客建议的经纪人。他们的预言几乎很少实现，意见也几乎每天在变，所以就算他们做了几十种分析也是白费力气。

着了魔的人

炼金术士、观星者和预言家仍存在于当今社会中，只不过是以另一种形式出现。现今的炼金术士不再期望能点石成金，而是希望借他们的理论来达到影响黄金价格的目的，进而从中获利。还有些所谓的千里眼，他们用石头、咖啡渣来研究彩票或轮盘的中奖号码，或者是以股市行情曲线解读未来的股市趋势，他们借助计算机、尺、圆规来计算。

不管是彩票、轮盘还是股市，对这些自诩为具有科学头脑、过度相信自己的人，我都称之为“着了魔的人”。如果他们是靠分析系统来卖股票，我就称他们为“江湖术士”。我觉得和他们讨论是浪费时间，因为他们的论点属于神秘学科的领域。他们可以在短时间内获得群众拥护，不过一旦无法掌握群众，就要倒大霉了。

在某种程度上，热衷于图表分析的股票盘势分析师都属于“着了魔的人”，但他们得到股市经纪人的全力支持。在我看来，阅读分析图表固然是一种科学方法，却无法带来知识。当然，我也会观看分析图，因为孔夫子曾说过:“鉴往知来。”

借着分析图，人们可以非常清楚地看出昨天和今天是怎样的情况。到今天为止，价格曲线是真实的；不过从明天起，当它再度被展现出来时，却被杜撰成了好的或坏的。

我不曾在股市中见到过任何成功的图表解盘家，因为他们通常最终都会走上破产之路。在以前的维也纳，人们称他们为“年轻的股市投机客、老的乞丐”。他们之中没有任何人是大人物。

狂热分子的下场

就像轮盘赌客一样，股市分析师也是不折不扣的狂热分子，他们靠计算机工作。在许多赌场中都有这种组织，他们拥有一些数字，并将数字输入计算机中计算，然后便一直不断地重复这些做法好几小时。不过您不需要问结局如何，因为晚上时，他们仍在吹嘘自己的幸运，并且自认为已经发现正确的数学公式。3 小时后，他们就手上空空，不得不向人借一些马克，为的是重新激活这个不会出错的系统。

但我始终没有加入这种游戏，因为这种过度的紧张对我而言是完全陌生的，就算在股市，我也从不研究当时的行情，我对这些不断的变化实在是一点兴趣也没有。

对一个狂热分子而言，最大的不幸莫过于他的游戏系统一开始便成功了，之后他就会变得更加狂热。从前，维也纳流传着这种说法："犹太人在损失了最后 1 000 元后，便失去理智。"现在则改成："玩家在赢得第一个 1 000 元后，便丧失理智。"

轮盘玩家会享受到赢的快感，这是肯定的。不过，他的第二大乐趣就是输，因为他把过度紧张的感觉当成一种娱乐，已不再是为了钱。因此，许多百万富翁便成了上瘾的玩家，不同的是用多少钱来测试运气罢了。

游戏玩家可以有哪些成就？安德烈·雪铁龙可以充分说明。这位天才的汽车业巨子及工业家沉迷于赌博的下场特别悲惨。在 19 世纪 20 年代，他是法国的巨星。雪铁龙曾举办过别开生面的汽车巡回赛，拥有穿越非洲大陆的"黑色车队"和驶向中国的"黄色车队"。他引人瞩目的想法还包括要将巨大的"雪铁龙"字体装饰在艾菲尔铁塔上。就在他提出这项特别的想法时，灾难也同时而至。

在巴黎乡间一间非常高雅的疗养中心里设有赌场。赌场是许多巴黎上流社会人士假日聚集的场所。实际上，雪铁龙并不是真正的纸牌玩家，当他在大厅开始玩牌时，或许只是想在这里赢一点，那边输一点罢了，最主要的目的是，隔天报纸会在八卦专栏里报道：安德烈·雪铁龙整晚焕发光彩，在赌场豪赌。

就在第一晚，雪铁龙不但赢钱并且上瘾了。从此他每个周末都待在巴卡拉特大厅，一输再输，不断地输。尽管他的太太尝试了各种方法，想让他停止这项游戏，却都失败了。

安德烈·雪铁龙却一点悔意都没有，到后来甚至输掉了公司的大笔金钱，并且又向银行大量贷款。直到有一天，银行负责人来拜访雪铁龙，看到他有如精神错乱般地疯狂豪赌，才决定中止他的信用，雪铁龙就在赌桌上失去了他一手创建并经营成功的汽车公司。

赌博如同毒药，像吗啡和古柯碱一样，会危害上瘾的人。

许多股市玩家不只将他们的热情投入到股市之中。我有一位朋友上午在股市，中午玩赛马，下午和晚上则分别玩桥牌与轮盘，死的时候是个穷人，这当然是他的下场。玩家还会将命运的挑战当成娱乐。我认识一个非常有钱的人，不过他的电车票是经常都不打孔的。他的游戏就是：当我打孔而验票员没来检查，算我倒霉；如果验票员来查票，我很幸运。当我没打孔而验票员来查的话，就是特别倒霉；如果验票员没来查，就是特别好运。

人们既要热恋金钱，但又必须冷静地对待金钱。就像翁纳西斯说的，人们不应该追着金钱跑，而要迎面冲它走过去。

一旦踏入赌场或股市大厅，连最有智慧的人，都会把才智搁在衣帽间里。我认识一位数学家，他被视为是专业领域中的权威。有一次我们站在蒙地卡罗的轮盘桌前，观察着游戏玩家，他突然告诉我:“安德烈，你看那边的一个白痴，他一直坐在黑色前，难道他没有察觉这里还有一个红色系列吗？”

心理学家把这种情况称做“赌徒的谬见”。如同杜斯妥也夫斯基（Fyodor Dostoevesky）在他的《赌徒》一书中提到的:“当球已经落在红色10 次时，当然没有人会再把钱押在红色部分。”股市投资人也完全以此为出发点，他们秉持着“黑色系列”一定会结束的理念，也就是当一段行情到达高点时一定会往下落的想法。不过，统计上的观点并非绝对如此，因为就个别情况而言，一个人无法事先断言，在某一特定日子里，股市行情是否会上升或下跌。有时就是会长时间维持红色或黑色。

股市上瘾症

股市也容易使人上瘾，因为那里有一种非常特殊的气氛。人们在这个激烈战场内所呼吸的空气犹如毒品般叫人上瘾。在混乱的战斗场所中，空气有如药物般影响着所有人。我认识的很多人起初只是在偶然的情形下进入股市，不过之后就无法摆脱了。

我有一位股市狂朋友，他从事钢铁行业，发迹于韩战期间，并做了上百万笔的交易，他将成功归于勤奋的工作。在他的眼中，玩股票的都是一些游手好闲、无所事事者，而且是经济的寄生虫。但我警告他:韩战不会永远持续下去，总有一天他可能会需要买股票。

隔天他便来找我，在听过我的意见后，要我为他选出一系列值得购买的股票。他并不想投机，只不过是凑凑热闹而已。首先，我写了德国扬格（Young）给他，其次，便介绍南非钻石厂戴比尔斯（De Beers）的股票，然后是一些美国的蓝筹股（Blue Chips）。事后证明这份清单非常奇妙，扬格债券很快便涨了几百倍，戴比尔斯股票增值了10倍，其余的股票也都表现得很强势。

在第一次买进股票就有如此丰厚的收益之后，他便开始越买越多，从纽约、欧洲买到澳洲。刚开始还以现金购买，到最后便融资买股票。在他投入股市的最高点时，他发现借贷已是他全部资产的5倍，另外，他也发现股市有下滑的可能。随着借贷与资产的差额越来越大，我的朋友终于无法承受刺激，因为精神崩溃而被送进了医院。

做一个投机商就仿佛在玩扑克牌，你必须在拿到坏牌时尽量少输，拿到好牌时尽量多赢。

他的家人在混乱中开了一次家庭会议，决定处理掉所有的股票。他的股票全部被卖光了，而在他接受一个多月的睡眠治疗期间，股市崩盘了。我的朋友完全治愈离开医院时，正是行情处在最低点的时候，不过他很冷静，宛若重生般地笑着。睡眠疗法拯救了他的财产，那些融资买来的股票会让他走向毁灭。这也使我心安理得，因为是我引诱他进入股市游戏中的，幸好有完美的结局。

可是，当人们感染了股市热后，事情便不再如此简单了。当他们手中有股票时，会担心价格下跌；但是手中没有股票时，他们又会担心股票可能上涨。我这位恢复健康的朋友也是如此，他又开始买股票了。

赌徒不死

尽管我鄙视股市的寄生虫——那些每天杀进杀出买卖股票的人，

不过，我承认如果没有他们，股市就不能成为股市；没有股市，资本主义就不可能存在。因为越多的寄生虫参与股市游戏，营业额及资金流动就越大；有越多的资金流动对投资者的保障就越大，他可以在高度流动的市场中随时卖掉股票。

如果要我以一句话来为这些投机故事作总结，那就是：赌徒应运而生，不管他赚过或赔过，赌徒永远不死。

因此我也确信，在每一次股市萧条之后，虽然当时人们对股票感到厌恶，而且觉得受到了伤害，但是随着时间流逝，人们很快就会忘记过去的种种伤害，又会像飞蛾扑火般再次受到股市的吸引。

利用贷款去买股票是绝对不可行的。

我常把投机者比做酒鬼：在酩酊大醉之后，他会感到难受，并在第二天痛下决心，永不再拿起酒杯。但到傍晚，他便又喝起鸡尾酒，而且一杯接一杯。到了半夜，他又像前天晚上一样酩酊大醉了。

他们是不是全都是着了魔的人或蠢材呢？也许是吧，但这个世界和股市如果没有这些笨蛋会怎样呢？如果没有这些笨蛋，又哪来的股市赢家？

第5章 全民公敌

一位成功的投资顾问，
性格必定有点高傲，
甚至有鄙视其他投资者的倾向，
这是为了令自己保持清醒。

5

“金钱不是万能的，但累积一笔钱就能发挥作用。”萧伯纳有次中肯地说。“追求金钱有没有违背道德良心？”这也总成为哲学家热烈讨论的话题。这个问题不可能有客观的结论，但有件事是确定的：金钱的诱惑和追求金钱的欲望是经济发展的原动力。

为何人会受金钱的诱惑？要多少金额以上才具有诱惑力呢？金钱的魅力无法精准测量，因为答案会因人而异。

很久以前可以听到维也纳人这么说：“他是一个举足轻重的百万富翁。他一定有 10 万古尔登(注：中国人一般称为“盾”,荷兰王国的货币单位)。”这句话在现代不再遥不可及，因为“百万富翁”不代表这个人一定拥有这么多钱。“百万富翁”以前是用来表示一个因为很有钱而得到适当尊重的人（现在大概也是这样)。此外“罗思柴尔德”(Rothschild，英国银行家族的姓氏）或“大财主”也是有钱人的代名词。

我的朋友之中有一些人，只要口袋里有 100 马克，就觉得自己像个百万富翁，也有很多人觉得别人口袋里的钱特别具有吸引力。这些人绞尽脑汁估算这个人以及那个人有多少财产，听到某个富翁的财产数目时也总是摇头叹息，脑子里不停地猜测某个人的身价或某个物品的价值。

金钱的魅力

有一天，我接到一通金融记者打来的民调电话。她问："科斯托拉尼先生，您可是经验丰富的股票专家。请您解释，您为何不是一个百万富翁？"我对这个问题感到有些惊愕，但仍马上回答："第一，你的问题不够具体。第二，你从何得知我不是百万富翁？难道我一定得让你查我的银行户头吗？不过，不论如何你不用担心，我不会跟你借钱的。"

当我向别人询问某个熟识的朋友是否健康或工作如何时，我经常得到的回答是："噢！他有很多钱。"很多人羡慕别人拥有的财富。也有些人会迷失在自己所拥有的钱堆里，他们会热切地爱抚钞票，赞赏它们，让自己完全沉醉其中。我的一个诗人朋友曾经说："假如我有很多钱，我会把它们全部让给那些有钱人，因为他们是这么爱钱。"我也认识一个人，他最喜欢的消遣是查看户头里增加的数字，他说这么做能将无聊一扫而空。世上也有这样的人，虽然有能力买很多漂亮又贵重的东西，但却不这么做，因为他只要想到他有能力这么做，就感到很满足了；他感受到了金钱的光芒，就会觉得很幸福。

> 叔本华曾说："钱如海水，喝得越多感到越渴。"

我的另一个朋友，只要嘴巴里发出"钱"这个字的声音，同时手上爱抚着牦牛皮做的皮夹子，就会觉得生活中的享受全都浓缩到支票簿里了，完全没有留意到自己不雅的姿态。还有人告诉我，每当点钱的时候，都会激起他的性欲。另一个人则更露骨地说，在股票投资损失很大时，他就会从号子直奔妓院。

幸好还有一些人会用金钱享受生活乐趣，只看菜单是无法满足他们的，他们想实际品尝美味佳肴。

对很多人而言，金钱也是权力和地位的象征，金钱为他们招来朋友、伪君子、嫉妒者、米虫及马屁精，这些人在他们身旁打转。这些人完全沉迷于金钱的魅力，他们不仅想要得到物质生活的享受，也想拥有金钱带来的权力，简单地说，就是别人对他的臣服。

曾经拥有过很多财富的人更容易陷入金钱的诱惑而无法自拔。马奎斯·卡斯德兰（Marquis Boni de Castellane）是世纪交替时一位有名的法国贵族，他在回忆录里写道，当他不再是美国亿万富翁——安娜·古尔德（Anna Gould）的丈夫那一天起，他真的很难过。虽然他没有穷困到睡在马路旁，但是已不能再随手挥霍百万财产。他说："直到破产的那一刻，我才真正感到自己的软弱。"

理论上来说，金钱的真正吸引力来自赌博。当赌注不是钱而是菜豆时，就失去刺激感和紧张感了。金钱也可以是现实生活中种种不如意的补偿，如身体残障或是容貌不佳等等。或者，若是有人因卑贱的家族背景，阻碍了其社会地位的发展，这时，金钱便能够代替祖先给他一个显赫的背景。埃尔莎·麦克塞尔（Elsa Maxell）因其爱尔兰血统，无法和乘着五月花号来到美国的贵族们来往。在美国经济起飞的黄金时期，事业的成功使她跻身美国百万富豪行列。之后，她便能和这些变穷了的贵族打成一片了。这个刚出炉的百万富翁，在公爵、伯爵间穿梭，突然发现自己居然能和冷漠的美国富翁平起平坐，身价百万的她也吸引了穷贵族来和她攀谈。

我不认为一个女人因金钱而爱上一个男人是件可悲的事。金钱表现了男人的成功，也正是这一点才使女人着迷。

很多人喜欢拿钱来炫耀自己，有些人则绝口不谈钱，让有关他的传闻越传越广、越传越夸张。总之，人类对金钱的反应，因人不同而有极大的差异。

在爱情的世界里也是如此，金钱可以唤起一个女人恋爱的感觉。在她们眼里，金钱代表男人的成就。而一个成功的男人对女人而言，有着极大的吸引力，尤其是当女人也可以分享男人的财富时，女人会因为男人给予她荣华富贵而真心喜欢他。但是也有女人讨厌给她钱的男人，反而喜欢拿她钱的男人。

金钱可以扭曲人们的想法到什么程度呢？以下对话可以稍作说明。

“你听说了吗？”一个人问道，“我们的朋友麦尔去世了！”

“噢！这真是令人伤心！”另一个人回答道。

“他曾经有过什么？”

“我估计，大概有 200 万。”

“不，我不是这个意思。我是说，他得了什么病？”（原文亦可译作“他还缺少什么？”——译者注）

“也许还缺 50 万。”

“不，你还是误解我的意思了！我是问，他是怎么死的？”

“原来你问这个！”

开门钥匙

金钱的世界不是永远美丽的，钱有种能量能让人堕落，也经常使人暴露出最丑陋的人性。

现在我也许可以用中立的态度来看待金钱，但并非一直如此。

在我年少时，父亲把贫穷潦倒的我从布达佩斯送到巴黎去学习股票投资技巧。因为我很担心父母亲的经济状况，所以只带了供基本开销的钱。但巴黎是一个大城市，当时甚至是世界的中心。这个城市真是不可思议，当夜幕低垂时它就像个超大型的夜间游乐场，到处可见琳琅满目的商品，空气中弥漫着奢侈的气氛。

当时我还不知道，如果没有开门的钥匙——钱，这个梦幻般的世界是怎么也够不着的。而我口袋里的钱还差得老远。

在这个城市里，只要有钱，想要什么就可以得到什么。

所以，我唯一的想法就是要赚钱，赚很多很多的钱。对当时的我而言，钱比现在的健康更重要，更不可或缺；追求金钱成了我生命的全部，增加财富是生活的唯一目标。当人崇尚金钱时，他的世界观和价值观也就完全改变了。除了金钱，其他事物都不再重要，因为没有任何东西比钱更重要。有了钱以后，什么东西都可以买得到，所以人一定要有钱。

我第一天到证券交易所上班时，有个亲切的老先生问我：

“嘿！年轻人，我以前没见过你。你在这里做些什么？”

“我是亚历山大公司的见习生。”

“原来如此。”他接着说，“你的老板是我的好朋友，所以我要告诉你股票是怎么回事。你别管这里的人说什么，也别管那些所谓的诀窍，你只要注意一件事，那就是——傻瓜比较多，还是股票比较多。”

一直到现在，老先生的一番话仍使我受用，而我自己发明的股市理论也只有两个要素：供与求。

第一次到交易所令我既兴奋又紧张。这里就像一座大赌场，钱来来往往，只要集中注意力，就可以感觉到它，然后抓住它。按老先生的说法，一切应该都不难，只要够机灵就可以跟上行情上涨的波段，同时也能建立信心。“然后，到了月底，你就赚进一笔钱了。”老先生咧嘴微笑着说，接着拍了拍我的肩膀。

交易所里几百人来来往往，场面相当混乱。老实说，当时我真的无法理解这是怎么一回事。陌生的股票名称（其中甚至还有旧苏俄的股票）在我耳边嗡嗡作响。年轻的小弟似乎无所不在，他们总是匆忙地来回跑，手中还握着一张写满委托人需求的小纸条，像是在跳不停旋转的波尔卡舞，穿梭在不同的小包厢之间。他们总是在人群中挤来挤去，经常会和别人撞在一起，然后又奔向各自不同的方向。

在交易所的正中央，有70人围成一圈站在一起，他们在夏天也穿着深色西装。原来这群人是股票经纪公司的雇员。其中有人把胳膊放在围栏上，这个围栏的用意是要把他们和其他人隔开。

围栏外的人对着他们大叫:“我要卖!”“我要买!”这个嘈杂的空间似乎与世隔绝了。

其中有人跑到电话亭去汇报结果；有些人用手捂着嘴巴和旁边的人窃窃私语，好像在谈论非常重要的事情；其他人则是在黑色小记事本上写上密密麻麻的东西。

我倒没有被这紧张忙碌的气氛吓倒，越走进这一片新天地，我反而越能使自己放松。每个人都在吹嘘说每次交易都能赚到钱，他的客户总能得到最佳的咨询。每个经理人都在媒体面前自鸣得意地讲述自己的经验和成功之道，开头的第一句话永远都是:“我早就说过了。”

虽然当时我还很年轻，也缺乏实际经验，但我已经知道:交易所里的傻瓜和骗子比世界上其他任何地方都多，他们永远在假装自己是聪明绝顶的人。这些看法一直到现在仍然没变，变的是，现在的交易所已经不再那样喧闹、杂乱了。股票交易通过电话下单，投资人可以不必亲赴交易所现场。在伦敦和巴黎，投资人只要坐在一台机器前，用键盘输入他想要交易的股票名称和价格，通过这台机器就可以知道目前的行情。

现在，股票交易委托人只需像课堂上的小学生一样，排排坐在计算机前。证券交易所的业务负责人站在前方讲台上逐一唱名每一只股票，在底下的委托人则依股票名称输入交易价格。之后计算机根据每只股票的供需情况，进行交易确认。

渐渐地我开始习惯了，在这个环境里的人都是有自信的资本家。音乐、绘画、艺术，甚至是一顿好吃的晚餐，对他们而言一点也不重要，他们唯一想要的只是钱罢了。巴黎的新工作也让我成为追求物质享受的拜金主义者。此外，因为我特别机灵（或者说是狡猾），很快地，我做了一件只要是视钱如命的人都会这么做的事，那就是预测股市的下跌，这和一大群高傲的专业顾问有关。我非常讨厌这群大言不惭的家伙，讨厌到要和他们唱反调，于是，当他们看涨行情时，我却偏要做放空投机。

出乎意料的是，我投资的股票收益都还不错。因为，当时碰巧发生了一次大危机，经济萧条加上萎靡不振的股票行情，让股市一路下滑。我每天都会要求结算所有投资，以确定实际的获利金额。之后，我仍坚持看跌行情，而我的投资收益却一天比一天高。

我认为这次成功纯粹是个意外，因为我并不是根据分析、判断而看跌的，看空行情的理由完全出自我个人的因素。当时的我根本一点也不懂何谓“客观的投资依据”，我也不是特别对经济抱持悲观态度。不管股价涨或跌，我想要的东西只有一样，那就是钱。

直到 1932 年的伊瓦尔–克罗伊格（Ivar-Kreuger，为瑞典著名富豪）

破产事件，我才了解到放空投机是非常可耻且不道德的投资行为。放空操作得来的收益全来自他人的损失。

良心告诉我，人不能以看空行情来赚钱，因为即使成功，也只有我一人快乐，而别人将会很惨，非常悲惨。从此，我决定不再利用股市暴跌来投机赚钱，我要随着景气的上涨进行投资，进而获利。我要很谦虚并知足地说，改变投资方式，我仍会比别人多赚一点。而且，这次我不是一个人，而是和上千人一起分享成功的喜悦。虽然一样是成功的投资，但在一片繁荣景气的愉悦气氛中获利，真的让人感觉舒服多了。

我是全民公敌？

一位成功的投资顾问，性格必定有点高傲，甚至有鄙视其他投资大众的倾向，这是为了令自己保持清醒，不因他人一时情绪波动出现的反应而改变自己对股市走势的看法。这样的做法是正确的，但是，他也不能表现得太过骄傲。但就连我有时也无法控制自己，可能会挖苦、嘲讽周围的人。不过，和年轻的时候相比，我现在根本不算是自傲。

1930年秋天，一场空前的经济大危机开始上演，这就是股市历史上相当著名的奥斯堤破产事件。巴黎股市因此跳空，不断向下探底，是历年来最严重的一次崩盘。

艾伯特·奥斯堤（Albert Oustric）是当时公认的金融泰斗，是法国一位在经济领域涉及广泛，同时也相当成功的金融巨子。无论在沙龙还是证券交易所，人们总是不断谈论他的成就及其广泛、多元的投资事业，从标致汽车、地毯、制鞋到玻利维亚银矿和意大利的人造丝，他的事业其实就是现今的企业集团。

奥斯堤为了处理好这么多公司的财务，另外成立了控股公司（简称 Holfra）。

事实上，控股公司是奥斯堤掌控公司股价的一个工具，他利用融资大量买进自家股票，造成股票大涨。他的做法让大多数的专业经理人认为，其公司股价已经超过市值，进而认为其股票处于利空，并开始进行融券信用交易，我就是其中之一。

奥斯堤的举动就是为了引诱像我一样的投机散户对他公司的股票进行融券。到了月底时，奥斯堤已经将所有自家的股票全部收购了，融券交易因而无法交割，这时奥斯堤便能操控股价的涨跌，看空的融券交易最后面临断头。

唯有实际掌握大量现金的金融家才能成功施展这样的诡计，但奥斯堤用来拉抬股价的大部分资金都是来自银行的贷款及股市专业经理人的投资，也就是说他的资金来源没有保障。到了第二天，可能这些资金供应人就没有办法再拿出更多的钱了。因此，小小的贷款紧缩就可以轻易将奥斯堤的多米诺骨牌推倒，而这样的事情真的发生了。

当时，我还是个货真价实的放空投机客，心里非常厌恶有这种欺骗行为的资本家。我很清楚他的投机手法一定会失败，事情的发展也正如我所料。我在股价 180 元时进场，融券价格是 170 元。后来股票跌停板，我根本无法挂单出脱。当晚我无法入睡，但并不担心，因为我知道，我还有其他机会从股市中把钱挖出来。

结果这家公司宣告破产，股票停止交易，我手上所持的股票被以 3 法郎赎回。即使是正常的股票投资也很少有这样高的获利。这个破产事件除了造成奥斯堤集团瓦解，还连带了大约 15 家公司倒闭，受害者包括股市专业经理人、证券公司及各种形式的债权人——客户、客户的朋友和股东。连两家声誉良好的老银行也受其牵累而关门大吉。

倒闭事件的连锁反应使英国货币也受到拖累，英镑在不同的外汇市场同时贬值。原因是法国中央银行放款部担心民众会争相提领户头里的存款，为预先准备而大量抛售英镑换法郎。

所幸的是，我成功地躲开了这场灾难，因此不免有些暗自得意，那时我变得骄傲，甚至狂妄自大。

以前，我习惯到交易所旁的一家餐厅，坐在固定的位置上“观察”。许多在证券经纪公司上班，为我经办过交易的朋友及同事在这里举办一场又一场的讲座。因为我是外国人，所以没有证券交易许可证，这在过去并不成为问题。但有一天，我竟然被挡在了交易所门外。他们说，因怀疑有外籍人士想借炒作法国息金证券来搞垮法国经济，所以禁止外国人进入证券交易所。

就是这种偏执的大法国主义给了一个法裔犹太人指控我的机会，这个身材矮小的人叫依斯雷尔（Israel），他经常坐在我的隔壁桌，偷听别人称赞我。他注意到别人对我的尊敬，同时也希望能拥有和我一样的生活。后来我才知道就是他指控我投机买卖法国息金证券、国家贷款。

有一天，我和两个朋友走出餐厅时，警察逮捕了我。在交易所隔壁的警察局，我像重刑犯般被采指纹、进行长时间的审讯。隔天，国际事务科的刑警搜查了我位于巴黎公园对面的个人工作室。接下来就是严密监控我的通讯记录及所有交易通知书。晚上我还从收音机里听到：“警方搜查了安德烈·科斯托拉尼的住处，这个匈牙利人涉嫌对国家贷款进行投机炒作，这无疑是国家的一个重大事件。”

两个星期后，我再度被传唤。在市政府，我收到一张由巴黎警政厅厅长签发的驱逐令，上面写道："限安德烈·科斯托拉尼于 48 小时内离开法国国境。"虽然我非常懊恼自己必须离开喜爱的巴黎，但我问心无愧。我承认我在奥斯堤事件中的确有投机炒作行为，但绝对没有炒作过法国息金证券。基于对投资技术分析的考虑，我不可能这么做。

我曾服务过的证券经纪公司董事长，同时也是好友的阿德里安·培奎（Adrien Perquel）想请前司法部长阿纳托尔·戴蒙茨（Anatole de Monzie）帮我。戴蒙茨和阿德里安的父亲是亲密好友，两人都崇尚自由，对大法国主义也都持保留的态度。20 年来，戴蒙茨曾当选议员，并多次接任部长的职务。

一再延迟驱逐令

戴蒙茨马上在办公室接见了我，我向他解释目前的窘境并向他保证我绝对是无辜的。他承诺会重新调阅档案。隔天，我已打包好行李，准备动身前往车站，打算离开巴黎前往比利时。就在动身的前一刻，电话铃响了，秘书告诉我："请您不要走，戴蒙茨先生要我转告您，他已拿到延后 14 天执行驱逐令的许可。"

这位前司法部长相信他们对我的指控是毫无根据的，但如果要他正式对警察机关提出质疑，又会让他相当为难，因为这等于是在侮辱巴黎警政厅厅长。这位警政厅厅长是法西斯主义者，后来和希特勒勾结。我的驱逐令从此便一次次地延后执行。转眼间，我又在巴黎待了 1 年，但始终没有拿到一张正式的居留许可证。

后来我终于得到平反，之前的案底也销毁了。另外，我还收到一张证券交易许可证，直到今天，我仍妥善收藏着这张证件。这提醒我，过分高傲可能会招致灾祸。

和其他具启发性的故事相同，这场乌龙事件也有一个结尾。战后，我从美国返回巴黎，在戴高乐将军的推荐下，获得法国荣誉骑士勋章。

我当然又在股票市场重新活跃了起来。有一天我在号子里遇见当初诬告我的依斯雷尔。我立刻察觉到他的大眼睛一直盯着我衣领上的红色荣誉骑士勋章。他是法裔犹太人，有着法国人激进的爱国情操，也有犹太人反阿拉伯人的特殊心理情结。尤其是遭希特勒迫害，逃出德国或其他国家的犹太难民，对阿拉伯人的敌视态度更是强硬。

令他更为恼怒的是，我不但在巴黎，而且在股票金融界中甚至比专家还要受欢迎。尽管如此，他仍然忍不住要求我教他一些股票操作的技巧："您说说看，现在应该买股票还是卖股票？""如您所知，我是个乐天派。您手上的股票就继续留着吧！"我撂下这句话后，便留他一个人在原处呆立着。

也许由于伤感，后来我又买了几张 Holfra 的股票，大约是每股 10 个旧芬尼，没想到这是我做过的投资中获利最棒的一次。不久前，在莱茵河畔的法兰克福举行的一场旧股票拍卖会上，这些具有纪念价值的 Holfra 旧股票以每张 200 马克成交。我还应买主要求在上面签了名，这件事让我感到相当自豪。

唯有对股市行情，我至今仍保持着某种变相的高傲，尤其是当行情对我不利时，我根本看也不看一眼，也不屑听到和行情有关的事情。

相反地，我相当留意全球有关外交、财税、利率政策及工商业界的重大事件。大胆分析重要事件是我的拿手绝活，但是这些事件不一定如人所预料地总是反应在股市行情上。股市行情的反应经常会出现短暂的反常，总是过一段时间后才会按照我的期望发展。

而且，我是个无可救药的乐观主义者，俗话说：“我不会为不知道的事而激动。”因此，我不会去询问已经有了偏差的股市行情，因为我知道，得到的回答在我经过音乐训练的双耳里听起来会像是变调的音乐。

当股市未来趋势对我不利时，我选择在这一团乌烟瘴气中充满希望地等待。这并不代表我没有悲观的时候，只是在很早以前，我就经历过很多次这样糟糕的状况了。很多年以前，我就已经在巴黎股市进行高额的融资信用交易，股市的每个细微波动对我都会造成巨额的获利或损失。我有个为我工作了10年的老秘书，他非常了解我的缺点和弱点。每天他都替我在号子里进行买卖，因为就像我常说的：真正的职业投资专家不可以在交易所里露面。我的秘书非常熟悉我的习惯，他知道，当股市低迷时绝不可以打搅我睡午觉，而且我睡醒之后，也不能在我面前提到任何有关股市的事。

在长期不屑巴黎股市后，我转战美国华尔街，约有10家证券经纪公司和我保持业务上的来往。在这里我仍然保持着同样的习惯：禁止任何人告诉我有关股市的坏消息。如果有人胆敢给我不称心的信息，我就不会再委托他进行交易。那个告诉我股市崩盘的家伙活该永远失去我这个客户。

钱一点也不臭

长时间处在残酷的杀戮战场中，我早就体会出“钱一点也不臭”的道理。从年轻的时候开始，我便在全世界不同的股市中，学习如何轻松赚大钱。不知不觉中，我开始有了罪恶感，因为股票专家可能在转眼间就能轻松进场获利，一次投资的收益可能和学者、教授或医生的年收入差不多。不同的是，学者、教授和医生必须长年钻研学问，这让我感到良心不安。

我还记得，二次世界大战前，法国上下进行武装备战，当时身为外国人的我处境颇为尴尬，和我同年纪的人都被征召入伍，所有的朋友都在兵营里，我则在座位上看着股市的行情走向。虽然绝大部分投资人正在当兵，但股市行情反而向上发展。鉴于之前的奥斯堤事件，我告诉自己这次一定要尽力避免刺激周围的人。我是第一个选择辛辣的哈瓦那雪茄（富裕的象征）而放弃烟斗的人。在餐厅，为了不引起任何注意，我会选择角落的位置。我想现在再谈论股市可能会激怒人们，于是我选择做一件以前就想做的事——谈论绘画、艺术、美食、音乐等等。但我还是原来的那个股票专家，人们想和我谈论的话题还是钱。

不久前，我在一个电视节目里被问道："金钱对您而言，到底有什么样的魔力？"我得这么说，我一点也不为金钱着迷。当然，人为了拥有独立、自由会需要钱，为了享受某种程度的舒适生活也需要钱。我的老朋友厄恩斯特·门泽（Ernst Menzer），虽然脑子已不太清楚，但他说了句很有道理的话："钱对一个年轻人重不重要？我不知道。但我知道，上了年纪之后，钱可以带来满足感和安全感。"

我很少奢侈浪费，5 年前买的 2 打短袜，到现在还在穿。

我唯一的奢侈是有收集东西的嗜好，尤其是收藏贵重书籍。不久前，世界上第一本谈论股票的书《混乱中的混乱》出现在伦敦苏富比拍卖会上，这本书我已经找了 25 年。拍卖会的目录上注明这本书从 2 000 英镑开始喊价，我听从了一位估价商的建议，将预算定在 5 000 英镑。根据他的看法，这个价钱一定能得标。但没想到一个日本人竟以 1.8 万英镑得标，足足是我预算的 4 倍。很快地，同一本书的第二个印刷版本又出现在一个由旧书商举办的拍卖会上。我考虑了一个晚上，最后同意以3000马克成交，这个数字仍然超出我的预算，但我又无法克制自己的冲动。花这么多钱买一本小书,在别人眼里已经是浪费的行为了。

尽管如此，对于真正的收藏家而言，搜集书籍、名画或是邮票，纯粹是一种投资，因为收藏家总是在估算收藏品的价值。无论如何，收集物品就是一种最好的投资方式，尤其是在把收藏物当做一项遗产，一代代传承下去的时候。

有很多理财的偏见广为流传，很久以前就有人说女人不擅理财。但是我认识的很多女人不但能将家务事料理得非常妥当，连家庭支出的预算也掌控得非常好。如果一个家庭里，男人天真浪漫，女人勤俭持家，如此搭配可以说是天作之合。我的父亲经常买精美的礼物送给我母亲，但每次总是换来母亲对他奢侈浪费的指责。“为什么这么说？”他回答道，“等我真的买了昂贵的奢侈品再这么骂吧！”

但如果情况相反，男人节俭，女人花钱不眨眼，就有可能导致家庭悲剧了。

与债务共枕

“欠债是一件很不光彩的事”的观念从细心照料家庭、节俭的祖先们那里一代代传了下来，一直到现在，还是有很多人持有这样的想法，尤其是在德国。我认为这个观念现在只适合一种人，就是投资人，只有不欠钱的投资人才能毫无负担地按自己的想法投资。

资本主义社会如果没有贷款制度，将会如何？如此一来，所有产业就必须自行承担投资新事业的风险。连传统产业都必须接受新挑战，更不用说高科技产业。硅谷和其他的高新技术产业充满了奇迹和冒险，如果没有贷款制度，就无法进行果敢的挑战，也可能无法继续经营。所以，现在的金融制度提供了很大的贷款额度，让投资人能放手在股市中创造奇迹。

门泽时常向我借钱，我不想和他老是为同一个问题争吵，所以最后还是借他一笔钱付房租。但 3 个礼拜过去后，他又跑去向我的朋友借钱，回过头来却跟我说："这个月的房租好不容易交了，下个月的马上又来了，我供不起这间房。"

我对他说："别担心，你一定有办法付房租的。"

"你怎么会这么肯定，我现在连一芬尼也没有。"

如此情况下，我只得告诉他一则犹太人的老故事。

贫穷的科恩（Kohn）在逾越节（犹太教节日）前夕去找他的有钱朋友葛林，向他求助："我没有钱买马佐（Matze，英文为 matzo，是犹太人在斋戒期间必须吃的一种未经发酵的硬面包）。"

"你一定可以吃到马佐的。"葛林向他保证。

过了一段时间，科恩一直没有得到葛林的消息。在逾越节的前两天，他又跑去找葛林。"我已经说过了，你一定会吃到马佐的。"回答仍然是一样的。

但科恩还是没有得到任何消息，到了逾越节的前一天，为了买马佐过节，科恩只好拿太太的珠宝去典当。节庆过后，两人又碰面了。科恩不停地抱怨，葛林的回答则是："你干嘛这么激动？你不是吃到马佐了吗？"

我以这个故事回答门泽为什么我会确定他一定可以付房租。他只好拱手作揖，恳求我别再说下去。

后来在偶然的机会里，我发现门泽因为是被迫害的犹太人，所以可以向德国政府申请一笔赔偿金。当我告诉他这件事时，他说:“我终于可以得到马佐了。”但我没有开玩笑的心情，我严肃地告诉他:“如果你不马上提出申请，我就不借你房租了。”为避免他超过申请的期限，我把他拖到一位公证人面前，草拟申请书。根据规定，申请者必须来自属于德国文化的地区内，门泽来自匈牙利，曾经就读莱西恩堡(Reichenberg)的纺织学校，而且说一口流利的德语，他肯定有申请赔偿的资格。

但还是太慢了，申请书因超过申请期限而被退回。除非申请者能提出文件，证明曾因精神疾病入院接受治疗而无法如期申请。我们商量后，认为这个方法的成功几率不高。看来，我得一直给他提供资金上的援助，直到我或他去世为止。

几个月后，他和我相约在一间咖啡馆见面，他从皮包里掏出一张由巴黎精神疗养院开具的证明，上面写着:“门泽先生曾因精神疾病在本院进行治疗。”我不禁要称赞他的聪明才智，我问他:“你是怎么弄到这份正式证明文件的?”“很简单！我真的入院治病了。”

原来我在不知不觉中成为了这件事的共犯。在巴黎的匈牙利住宅区，经常举办大型慈善舞会为匈牙利难民募款。我常常收到他们的邀请函，但从未出席过，因为我十分讨厌舞会中总有一些故作高雅的人到处说长道短，不怀好意。有一次我把邀请函转给门泽，要他在舞会中制造一点丑闻，做件逗人乐的怪事。

门泽立刻采取行动，他租了一件黑色晚礼服(租金当然是我借他的)，赶到舞会，先到自助餐区饱食一顿，但却没有机会制造丑闻。两天后，他跑到一家服饰店找店长玛丹。玛丹是慈善舞会的筹办人，也是我讨厌的那群人的带头者。门泽告诉玛丹他是匈牙利难民，希望得到一些资助。但玛丹回绝了他，随之他们马上争吵起来。最后门泽大叫："我要去向警方检举你，你以服装店作掩护，经营色情交易。"门泽的大吵大闹引起骚动，最后警察到场将他送往精神病院，他就真的在里面待了好几个月。

由于这件事，门泽现在每个月都用德国政府给的赔偿金付房租。而且，德国政府也不曾要求收回这笔对门泽而言为数可观的赔偿金。我则利用这笔钱帮他买了些稳当的股票，并由瑞士银行监管。

虽然如此，门泽仍然过着非常俭朴的生活，身上的衣服像一件布袋，住的是租来的套房。但这一笔财产给了他很大的安全感。他从未提出一芬尼，一直放在银行里生利息，一段时间后，钱就多了很多。从某个角度来说，门泽先生的故事给股票投机客上了一课：负债时，要有耐心且和它一起安然入睡。真正的投机高手要能像鳄鱼一样睁着眼睛睡觉。我确信门泽一定不知道自己的户头里有多少钱，我也是如此，我从不去计算我所有户头的总金额，因为我不必对任何人负责，这是我自己的钱。

虽然金钱有不好的一面，但我不能想象，这个世界如果没有金钱会如何运转。现实世界中，资本主义需要货币、资金及流通，这才能让世界欣欣向荣，让所有人分享越来越富裕的生活，穷人不会更穷，而有钱的人可以更富有。

第 6 章

群众是无知的

挑选 100 名高智商的人共处一室，
结果显示，
冲动情绪会战胜理智思考。

Kostolanys Börsenpsychologie

6

在1987年全球股灾发生后，前德国总理施密特曾说：“股票市场里到处都是疯子。”虽然我不是每次都赞成经济学家出身的施密特的言论，但我必须承认，这次他说的和事实十分相符。

“群众是无知的。”这句话出自1895年古斯塔夫·雷朋（Gustave Le Bon）的经典著作《大众心理学》（*Psychologie der Massen*）。隐藏在这句话背后的真正含义是群众的力量。即使在一群特别聪明、相当沉稳多虑的人当中，这股力量仍然能够发挥作用。挑选100名高智商的人，让他们处在一间狭小的房间里，结果显示，一时的情绪冲动会影响他们所做的决定，使他们无法理智地思考。

假设有一位股票专家经过反复思考后，终于决定要在某一天早上卖出手上的股票。但当他踏入号子时，却又耳闻其他投资人对股市后势持乐观的看法。就在这一瞬间，他会马上变卦，反而又买进了新的股票。

在美国股市，股票行情显示器经常能发挥决定性的作用。这个显示器显示股票市场所有交易的状况，即使没有上百万，也有数10万的投资人会依据显示资料而决定投资动作。股市上涨时，这些监看股票行情显示器的投资人会开始买股票，毫不犹豫地跳上这列正在行驶的火车。股票行情显示器借着显示股市交易情况来反应投资大众的投资心态。因此，对每一个投资人而言，股票行情显示器有说不出的魅力，吸引其跟随投资大众的步伐决定买或卖。股票行情显示器就像是战场上的旗帜。

如果行情看涨，即使最差的股民也能赚到一些钱；但如果行情下跌，可能最棒的人也不能获利。

所以，在股市上涨阶段时已获利的人要特别注意，旗帜是否高立空中，是否有带领其他投资大众跟进的作用。依我之见，投资人可以利用市场技术分析，来评估某一事件对投资大众所产生的心理作用。

正如我曾经说过的，股市中、短期的涨跌有90%是受心理因素影响，而基本面则是左右股市长期表现的关键。

股市投资人的心理状态决定了中、短期的股市走势，也就是说，股市的中、短期表现，要看股票是掌握在资金充裕且固执的投资人手中，还是在犹豫、容易惊慌失措的投资人手中。

有一些投资专家可以从目前的经济状况看出未来的股市行情、利率及产业前景。但就短期而言，现今的经济状况对此三者并无影响。请注意，股市会上涨的原因，是买方即使处在经济及心理的双重压力下，仍然表现得比卖方强势。会影响股市行情的是投资大众对重大事情的反应，而非重大事件本身。

决定股市中期走势的重要因素，除了心理因素外，还有利率。利率或者资金流动率会决定资本市场的资金处于供过于求还是求过于供的状态。利率对于证券信用交易有决定性的影响，当利率较低时，表示有较多的流动资金在股票市场内。可是，利率对股票市场的影响要过一段时间后才会显现，也就是“股市的中期走势”。

对长期走势而言，心理因素不再重要。如果 IBM、西门子或奔驰汽车没有稳固的基本面，股价就不会像现在这么高了。这些企业集团的股价之所以这么高，和心理因素并无关联。但今天又有谁能够预测，后天股票市场的气氛是忧虑的还是充满希望的，投资人又会对股市有什么样的偏见？产业的景气繁荣，决定了股票的表现及未来的获利率。能够预见某一产业数年后发展前景的人，便能从中大捞一笔。我认为，决定股市走向的因素有两点，而其他因素追根究底都是这两点的延伸。

1. 资金流通量与新上市股票之间的关系。
2. 乐观或悲观的心理因素（也就是对未来趋势的评估）。

所有的重大事件，例如政治、经济或金融方面的新政策，不论是否会对目前股市产生决定性的影响，都可以归纳成以上两点，并可借此分析未来的股市走向。

而我早就把这一理论转化为一个数学方程式，可以将其作为分析股市走向的一个基本公式。

T（Tendenz 趋势）= G（Geld 资金）+ P（Psychologie 心理）

资金是指可以随时投入股市的流动资金。如果债券发行单位（指政府或公司行号）所定的债券利率很高，或者银行、金融单位将存款利率定得很高，那么愿意购买股票的人当然就会比较少。简单地说，资金这一项变量完全取决于长期利率的高低。

相较于资金变量，心理因素却是由许多不同的次要因素组成。假设股票发行公司调低盈余及股息，或者政府宣布提高证交税等等（不利股市行情的做法），但这时投资大众却对未来行情走势乐观，那么，投资人就会对这些负面消息有较高的抗压性，因为他们认为这些不利因素对股市的影响只是暂时的。因此，虽然有一些十分重大的负面消息，但 P 变量在此情况下仍会维持正值（+）。

即使公司营运方面发生重大事件，这样的分析结果也是成立的。例如罢工，只要投资人认为罢工对公司不构成影响，那么这家公司的股票就不会因此而下跌。

对股票经纪人而言，战争或和平本身并不重要，重要的是，投资大众对这一事实的心理反应。

股票市盈率的评估也纯粹是一项心理变量。假设某一股票的市盈率是 15，市场分析师认为这个数字过低，那么他会说此股票的行情被市场低估了。但是过了一段时间之后，他又会有完全相反的看法，认为市盈率 15 太高了。

我不想说这些分析师做的评估根本就是错的，更何况投资人也不可能从他们的评估中看出股市的后势发展。所谓的“股价过高”或“股价过低”不过是比较之后的结果，并非像数学算式一般可以算出标准答案。所以，我不禁要偷偷嘲笑这些分析师，他们总是将本益比奉为判断股价高低的重要依据而迷失其中。因此，广义地说，分析师的评论当然也算是分析行情走势时的一项心理因素。

那些总是把市盈率当做是股市公式的人，一定不会投资 IBM、奔驰或其他有潜力的股票，因为对他们而言，这些股票之前的市盈率总是太高了。

尤其是分析处于亏损状态的公司时，这样的行情分析法更显得偏颇而不懂变通。照这群分析师的说法，投资人根本不该碰这种公司的股票，因为它们的市盈率全部都是负的。但是，我投资过的最赚钱的股票却往往都是这种公司的股票。当我买进股票的时候，这些公司都处于经营亏损的状态。可是，当这些公司的业绩重新回到获利阶段时，股票也会同时往上飙涨。

数学逻辑不适用股市

我认为，投资人不应该将一般的数学逻辑套用在股票市场上，股市行情不是用一把尺就能测量出来的，股市的未来走势也不是用数学公式就可以计算出来的。在股市中，我只应用一个数学理论，为了详细解释，我想先叙述一个小故事。

有一天，有个老朋友来拜访我，虽然他是个非常优秀的股票专家，但不知为何却是一副惊慌失措的样子。他问我:“您可不可以帮我解释最近发生的不寻常现象？我在同一时间内，在不同的金融市场进行股票、债券及期货的投资。这些交易市场彼此之间完全没有任何关联。

我的操作如下，买进南非的矿产、美国汽车产业，放空法国公债及英国银行股，同时，我看涨利率，也放空燕麦以及可可豆，最后是买进原油价格。您得承认，这些市场之间并没有很大的关联性。但是他们的走势，不是全对我有利，就是全对我不利。行情可能和我们预期的一样，但也有可能是原本该跌的却涨了，该涨的反倒跌了。

我真的很想知道，美国汽车股和可可豆行情之间有什么关系，而伦敦的银行股和温尼伯（加拿大南部的燕麦集散地）的燕麦行情又有什么关联。我快要发疯了，一夜之间，我所有的投资全部大乱。有时行情走势完全合乎我的心意，但有时却又唱反调，这其中到底隐藏着什么样的神秘力量？”

我发觉，很多投资人都会有此类错误的想法。现在，让我来解答这个疑问：“你们最常预测的是一种叫做概念股的股票，这种股票会在一瞬间暴跌，跌到谷底。我想，你们不外乎是用公司资产负债表、损益比的高低、分配股息的多少来决定投资策略。在原料市场中，你们必定是先看产量及消费数量方面的统计结果，以及相关的贸易条件和国内外有关的政策。从这些资料中，你们也许会赫然发现，在一段时期，概念股的股价表现似乎反应比较慢。也就是这样，你们才会认为行情走势根本不符合预期。这时请你们要有耐心，这些概念股会再度攀升的，于是行情的发展也就符合所谓的‘逻辑’了。你们一定知道‘二乘二等于五减一’。这就是我的信念。”

在股票投机中挣来的是痛苦之财，首先得到的是痛苦，然后才挣到钱。

在生活中或操作股票时，没有任何事情是简单的，所有事物都依据事实而发生或存在。经验告诉我们：一定可以达成目标，只是中间的路程绝对不是一条直线。

我的股市数学理论听起来就像玄学，但在其他的生活领域，如宗教或艺术中，也是可以讲得通的。像音乐，把它化为最小的元素，就是由旋律的优柔和紧凑组合而成的。

我进一步向朋友解释：“突然间，我们会发现自己在曲线之中。为何概念股会跌得这么低？这个问题有上千种答案。”概念股的行情走向如果真的符合逻辑，那么一切就没有问题。问题在于，根本无法预测时间点，这一点会让我们花费更多的时间来思考，而所得的结论甚至还有可能是背道而驰的。昨日还很稳定的状况，今天可能就诡谲多变。但如果投资策略的根本条件没有产生变化，那么一切只是时间的问题。

所以要想在转眼间对混乱的局势做出正确判断，也就是要能看出一些征兆。如果对行情走势所下的结论和现实的情况暂时有出入，也不能气馁，要坚持下去。但如果情况发生重大的变化，例如战争或和平的开始，政治、经济以及金融方面的重大变革，政权轮替等等，这时就必须要承受这些事件所带来的影响，万不得已时，还是得认赔并出售手上表现还不错的股票。

对于朋友的迷惑，我的解答是："所有流动资金都和您一样，都在不断寻找投资理财的机会，以创造更大的收益，在针对行情发展做逻辑推理之后，就会进行投资。这时不单单是您，而是上千个人和您一起进行同样的投资操作，交易相同的金融产品，甚至是以同样的买价或卖价进行交易，所以就会发生当您买进时，市场总是呈现买超状态，而您放空时，市场则呈现卖超状态。

您告诉我，您想买些石油股。其实国际市场早已大量收购石油股，目前正等待着行情大涨。但是当这些股票因基本面而开始上涨时，投机客却因为想马上获利而出售手上的持股。如此一来，股票的上涨幅度便是有限的，甚至只是持平。同时因为股票并没有如预期般翻红，其他投资者也变得急躁，决定开始卖股票。"

所以，投资人决定投资策略时所依据的基本面利多，有可能与技术面相互抵消，这就是投资人无法理解的为何有时候明明是利多格局，但股市行情却没有做出相对反应的原因。实际上，平时股市行情的高低起伏只不过是反应供需关系而已，只有在特殊情况下，才能表现出股票的真正市值。所以不管如何，只要市场供应大量股票，行情便会相对下跌。

这一说法完全符合逻辑，就像我们说在利率可能调高的情况下，石油股的股价会往上飙涨一样合乎逻辑。但是，当股票的买卖不单是出于慎重的思考时，技术面的操作甚至比基本面的影响还要大。

因此，股价的波动是在反应股票供需之间的压力。把某一交易日的全部买卖委托单拿来，看看投资人是出于哪一些动机而决定下单，这样的研究应该会非常有趣。

麦尔先生卖股票的理由是因为隔天他有一张汇票要兑现，另一个人是因为想为自己购买一套房子，第三个人则是女儿即将结婚需要一笔钱做嫁妆，第四个人卖股票是想等股价下跌后再重新承接。而舒兹先生为何在这一天买股票呢？因为他刚卖了一栋房子，手头上有多余的现金可以运用；或者是因为他在股价高涨时已经把股票卖掉了，现在想要逢低买进。

这些买卖股票的原因其实是十分荒谬的。我们假设股价已经来到投资者认为的相对高点，那么，这时投资人就处于危险之中了，因为这么高的股价已经无法对投资大众产生像之前那样大的吸引力。场内只剩下真正有购买意愿的投资人及已持有股票的人，后者正等待历史最高价位出现，到时再卖股票以求最高获利。这时，所有人都在准备退出股票市场。不论之前预测的行情走势已经得到事实的验证，还是预测的行情走势也许才刚要开始，利空行情已锐不可挡。

以上的推理过程也可以用于完全相反的状况。例如，某一家公司出现财务困难，我们推断其公司股价应该会持续跳空跌停。接下来，行情便开始下跌，跌至投资人认为合理的低点，之后就开始维持在某一个价格水平。即使仍然有负面消息继续传出，但股价已不再往下探底。

在股市用语里，称这种现象为“既成事实效应”(Fait accompli, accomplished fact)。这个现象之所以会发生，是因为很多人在之前就已经出清持股。另外，还有一些投资人仍然愿意握有此种股票，是因为他们能够接受此家公司衰退的事实，对手中的股票另有打算。早已进行大规模融券的空头投机客，看到他们的预测完全实现了，为了确保目前的获利，于是开始办理融券回补，此一举动会带动股市上涨。我曾有好几次在不同情形下经历过如此相同的现象。表现很差的债券或负债累累快要倒闭的公司所发行的股票，其行情在跌深之前，会有一段很长的时间保持在相对高位上。

“既成事实效应”在股市行情走势中有相当重要的意义。我们假设，现在有爆发战争的可能，很多投资人开始卖股票，但宣战当天的股市行情却有可能违反所有人的预期，反而在一瞬间开始往上走。1939 年战争开始时，在美洲或欧洲的任何一个交易市场，都是这样的走势。

当时，我已经做了充分的准备，以应付一场严重的金融灾难，而且还认为所有银行都会关闭，股票交易市场及期货市场也一样。同时，我也准备好面对更严格的外汇交易规定。周末假期在一片紧张的气氛中过去了。星期一，终于开战了。

我走到街上，非常惊讶地发现银行、股票交易所，甚至期货交易所居然在继续营业，好像什么事都没有发生一样。最令我讶异的莫过于股市的表现，股市行情由黑翻红，且持续上涨达 6 个月之久。这就是“既成事实效应”的力量，当每个人都预测股市崩盘时，它却反其道而行。

这让我联想到殡葬仪式后的一个特殊现象，送葬的亲友在亲人下葬后，由墓地动身前往餐馆吃饭。几杯酒下肚后，亲友们的脸上开始展露笑容，人与人之间的言谈也越来越大声，越来越高兴。也许他们等候这场死亡的来临已经有段时间了。病人在饱受病魔折磨后终于咽下最后一口气，对亲友而言，在某种程度上是一种解脱和安慰。

所以，在战争期间，如果投资人认为和平将近，那么他们就会开始买股票，于是股市行情在还是战乱时就已经上涨了。但到了真正签署停火协议时，预期的利多行情反而不会发生，这就是"既成事实效应"。

但事情的发展也可能是：战争期间，信心不足的投资大众早已卖出手上的所有持股，当和平出乎意料地突然降临时，股市则像火箭升空般强势反弹。

战争的开始或停火当然是属于极端特殊的情况。但我们也可以从政治经济等重大事件中，观察出股市中的"既成事实效应"，这些观察方法在经过多次验证之后，我已将之升格为股市观察准则。

同时我也得出以下结论：投资人的逻辑判断是以基本面为基础的，其中包含统计、经济、政治因素及其他重大要素。但是由这些因素所归纳出的结果会被之前提及的技术面分析所掩盖而失效。总而言之，当时的判断太过理论化了，所以会有和现实情况不相符的情况出现。

虽然我给朋友的回答是针对他在债券市场及原料市场中各式各样的买进、放空的投资策略，但是也可以应用在分析股市大盘的行情上。

投资人心中不免会有这样的疑问，为什么股市会在经济衰退时成长，在经济繁荣时下跌？可以如此解释：股市行情虽然和经济景气相互关联，也遵循同一个法则，但二者却不是同时发生的。

多年前，我便想出一个例子来说明股市行情和经济景气的关系。请想象一个人在街上遛狗。人很平稳地向前迈进——这就是经济。而狗则有时向前狂奔，有时东跑西跳，有时跑回到主人身旁，就这样来来回回地跑来跳去。这只狗的行走路线便是证券行情的起伏过程。人和狗同样是往前走，最后他们也会一起到达散步的目的地。假设人走了1公里，那么狗大概就走了3倍或4倍的距离。股市行情的起伏就像狗所走的路线一样，向前走了一段之后，就会往后退几步。在这个过程中，经济成长也会随之而来。

两个基本要素：1．资金及贷款情况。2．投资大众的心理状态。此二者并不是同时对股市走向和经济发展产生影响。货币市场和经济周期的关系非常紧密，但是对商业活动有利的事，对股市通常不利。

我的看法是，对于股市大盘走势（并非单个股的走势），想象力和资金要比基本面的分析更能发挥决定性的作用。当然，事情也还是有例外，在股市一片低迷时，即使一只股票的基本面亦不看好，还是有可能上涨，但股价上升缓慢，因为得承受与大盘逆势的压力。反之亦然，当某一股票的基本面分析显示处于利多，那么股价上涨的速度就会比其他股票快得多。或者基本面不佳的股票，即使在大盘满堂红的情况下，仍然会往下跌。以基本面来说，大盘有自己的走势，个股也有自己的走势，虽说基本面的分析结果相当重要，但在交易量很大时，基本面的作用便无法完全发挥了。

事实上，股价行情的发展经常和基本面背道而驰。经济蓬勃时，因为企业需要将所有可用资金全部投资于公司本身，因此利率会较高，资金流动也就比较差。事情的发展经常是这样：当经济萧条及利率调低时，股市通常会上涨，虽然当时基本面的因素（此处指公司获利以及分配股息）并不利于股市如此发展。反观经济突然很繁荣、工商贸易十分活跃、有大笔资金可以用来推动经济发展时，有关当局（政府相关部门及货币发行银行）会采取一定的紧缩政策，避免经济过热。他们会调高利率，严格限制贷款申请资格，于是资金流动率就可以被掌控在一定的范围内。

股价的波动从来未曾符合过股票的真正价值，股价永远过高或过低。如果股价可以随时反应真正的价值，也就不会有上下波动的行情了。还好事实不是这样，所以才会有那么多人利用计算机大胆预测行情走势。这些人决定了股票的行情估算及未来的发展，每天都在更改对某一公司的未来潜力和前景的看法，因为有很多因素会随时左右他们的看法。与此同时，这些人的购买意愿也扮演了很重要的角色。

股市气象

在判断大盘走势时，情况亦是如此。股市的投资气氛归根结底不过是一种投资大众的心理共识，这个心理共识反映了大多数股票族对股票市场行情所持的悲观或乐观态度，于是就形成了所谓的“股市气氛”。这会直接影响行情走势，而且会告诉手上持有股票的投资人是否该把股票卖掉，或是手头宽裕的人可以进场。

我们很难说明投资气氛是如何形成的，这和现在的局势有关，和未来趋势则一点关系也没有。政治、经济、过去的行情纪录或是大众对金融政策的信任程度都会决定投资人对股市的看法，但这些因素事实上却都是抽象的。

股市中所谓的投资气氛或股市气象根本毫无逻辑可言，经常让股市投资专家非常惊讶，完全出乎他们的意料。我得再次强调，这里指的逻辑是所谓的股市逻辑，而非普通的一般逻辑。

行情上涨时，投资大众便会现身；下跌时，他们就不见踪影。

如果人们更仔细地观察股票市场,就不会出现所谓的“股市心理学”这个名词，因为股市本身就是心理学。

就如同大自然中潮水的涨退、四季固定的轮替及月亮的圆缺，在人类的社会中也有相同的循环。景气繁荣与萧条的变换，国家的战争与和平，还有悲观、乐观的立场摇摆，人类历史演变中的革新及停滞。股票市场也有涨跌的循环，群众的心理状态便是引发股市行情变化的最重要推动力。

为了让读者更明白金融交易市场，我利用数十年的亲身经验及观察，得出一套股市行情交替循环的理论。不论在证券、债券、贵重金属交易或原料市场，都可以将这套理论当做投资的依据。

每个股市行情循环可包括 3 个阶段:

1. 股价盘整时期。
2. 顺势波动时期。
3. 急速扩张时期。

以股市上涨的波段来作说明，在第一阶段的股价盘整时期，行情会跌至一定的程度，调整到一个合理且符合现实状况的价位。在第二阶段的顺势波动时期里，行情会随着出现的重大消息而涨跌。如果消息不利于此股票，则价位会再度下跌；如果消息有助于股市行情，则此股票会随之向上攀升。在第二阶段进行到某一个时间点后，另一个新的利多消息会将股市循环自动带入第三阶段——急速扩张时期。在这个阶段，价位会 1 小时接 1 小时地往上攀升。而且，行情和投资气氛不断地竞相飙涨。持续上升的行情激励投资人的投资意愿，如此热情的投资气氛像是没有限度地高涨，这股力量又将股市行情推向更高点。这时的股市表现已不具有任何实质意义，这不过是一大群股票族歇斯底里地跟进股市的结果。

当股市处于行情下跌的循环波段时，第三阶段中的行情走低，会使投资人陷入严重的悲观气氛中，于是股价在这样的压力下就像秋风扫落叶般持续下跌。最后一阶段的上涨或下跌会持续一段相当长的时间，直到某种刺激因素介入，打破这个恶性循环。即使投资人认为那么高或低的行情并不合理，但若这个刺激因素迟迟不来，第三个纯心理因素造成的阶段还是会一直持续下去。直到有一天，出乎投资大众甚至专家的意料，股市行情的走势突然毫无缘由地反方向发展。股市的反向循环运动这时宣告开始，又回到股价盘整时期，再到顺势波动时期，最后进入急速扩张时期，这就是股市的运转模式。

从长远看来，经济和股市是朝着相同的方向发展的，但在发展过程中，这两者却可能有着完全相反的方向。

投资人又该如何应对这 3 个不同的阶段呢？到了第三阶段急速扩张期的后半段时，即使股价一再下跌，投资人也应该勇往直前、加入股票投资的行列。如同布达佩斯农业交易所的股票经理人所说的：“下坡时，身上没有小麦的人，在上坡时，仍然不会有小麦。”（意指股票下跌时不敢买股票，到了上涨时更不敢买的人。——译者注）在行情上涨的第一阶段，应该继续加码，因为股票走势已经过了相对低点。在第二阶段中，投资人则应做个观察者，消极地跟随行情起伏，并做好心理准备，准备在进入第三阶段后从过热的股市气氛中退出，获利了结。这也就是说，投资人在股市循环的过程中，在二个阶段中必须采取逆向操作，只有一个阶段可以顺势投资。

在第三阶段急速扩张期的后半段，要投资人在行情一片看跌声中买进股票是非常困难的。当同事、大众传播媒体及股票专家都建议降低持股时，要反其道而行更是困难。很多人即使认同我这套理论，并采取投资行动，但仍然不免会在最后一刻屈服于群众心理的压力，改变决定，并对自己说，虽然理论上应该进场，但这次的情况不同。可是事实会向他证明，反向投资操作才是最正确的抉择。为了摆脱群众心理的影响，投资人必须勤加练习，对事情抱持怀疑的态度，而且要有喜欢挖苦人的性格，再加上一点自负。有这样特质的投资人会说："你们这些笨蛋。只有我知道事情的真相。或者应该说，在任何情况下，我都比你们了解事实的真相。"虽说这样的特质不是一个很完美的个性，但却有益于保持个人独立的思考，同时也是成功投资的必备条件。所以说，在股市中能够成功获利的人只是少数，大部分人都是股市输家。

但要怎样才能知道现在是处于哪一个阶段呢？关于这个问题，世上没有教科书可以提供答案，即使投资人想破头也没办法确定答案，而且也没有任何一个方法或公式可以让投资人直接得到答案。这个问题的答案只能根据以往的经验来猜测。投资大众的反应到了何种程度？股票持有人的心理状态如何？他们是对股市充满信心，还是容易受心理因素的影响而立场摇摆不定？这些技术面问题又该如何作答？

资金+心理作用=股市走势，这也是我的信条。

现今没有一个科学方法可以推算出来股市何时会突然从这一个阶段进入下一个阶段，明确指出转换日期更是不可能。行情上涨的趋势也许可以持续数年之久，或者只有几个月的时间。持续时间的长短可以利用过去累积的经验和征兆来判断。想要用科学方法预测股市行情或未来走势的人，不是江湖骗子就是蠢蛋，要不然就是兼有此两种身份的人。

只有长年的经验，才能培养出敏锐的直觉。但即使是经验最老到、最狡猾的投资专家也会有出错的时候。他们必须经常犯错，这样才能累积经验。假如一个投资专家一生中不曾破产2次以上，那他就不配称为投资专家了。股票族就好像是在一个伸手不见五指的暗室里，已经在这里面待了数十年的人一定会比第一次进到这个房间的人，更快熟悉里面的环境。

如果我向我的表弟乔治卡托那提到“艺术”或者“直觉”的字眼，也许他会用怀疑的眼神看着我，因为他是个讲求科学的理论家。但是我相信，他一定会认同股市心理学就像是一场即席演讲：在股票市场中，你永远无法说准会有什么重大事件发生，投资大众又会有什么样的反应，你只能猜测。

第7章

思考之必要

号子里的交易员，
充其量只是个懂得用计算机完成交易、
不用动脑筋的办事员，
但是身为投资人，
就必须是个用脑思考的人。

7

群众的心理反应就像传染病，有人在戏院里打呵欠，其他人马上跟着打呵欠，一个人咳嗽，其他人也跟着咳嗽，股市亦然。

大哲学家叔本华说："只有痛苦才是真实的；幸运的存在是因为苦难的缺席。"对投资专家来说，痛苦是真实的，那就是股市下跌时的金钱损失，尤其是发生经济大恐慌时，痛苦显得更加真实。

群众要一直等到报纸头条出现"股市危机造成巨大损失"的新闻，才会真正觉悟到经济大恐慌真的来临了，它就像一台巨型机器的轮轴一样开始运转了。

投资人可以从物质生活中实际感受到股灾所带来的痛苦。股市景气的成长其实相当缓慢，它走一段停一段，几乎让人感受不到它的存在。相比较之下，股灾却在一夜之间来势汹汹，让所有财产化为乌有。它将投资大众分散开来，然后各个击破。假如股市景气指数讯号持稳，股市的投资环境就会让人感到较安心，如此一来，只要一切进展顺利，投资专家便能轻松容易地捞取他的利益。所谓一切进展顺利的意思是指事情如他所料地进行着，如果他根本没有想到股市局势会变得很糟糕，而且是非常糟糕，那么他就会有很大的损失。

当股市危机真的来临，低迷的行情一点一滴地侵蚀了投资人的资金之后，他才痛苦地察觉到经济上的损失，接着他开始埋怨命运不公平，只有损失才是真实的，获利不过是一种错觉。

经济繁荣是在百业兴盛的和谐气氛中从容缓慢地开始膨胀，然后突然间变成一个大气球，随时有被针刺破的危险。投资操作中有一句名言："在发生股灾或经济崩盘前，必定经历过一次快速成长的景气繁荣，而景气繁荣也一定会以股灾作为结束。"

法国人将德文中的"Krach"借来表示股灾，法文的念法是"Krack"，这个单词使人联想到打破镜子，也就是英文的"Crash"。股灾的发生就如同在晴朗的天空中连一丝云也没有的情况下，一场暴风雨就突然来临了。

投资人对1987年10月19日所爆发的全球性股灾还是余悸犹存。这场灾难是如何在大多数人都毫无预警之时发生的呢？

暴风雨前夕

从1987年夏天起，利率开始没有任何原因地缓慢上升。当时乐观的投资气氛压过利率上涨所带来压力，行情仍维持在上涨格局（情况就和市场开始运转时一样）。但美联储，即美圆的发行机关又一次调高利率，试图紧缩资金流动。同时德国为了抑制通货膨胀，在德国联邦银行副总裁施莱辛格（Herrn Schlesinger）的建议下，也决定调高利率。

这无疑是一根针，把涨大的气球刺破了。

如此一来可以预见，气球里的空气（即指上涨时的获利）会随着不断调高的利率，在数个月内流失掉。

股市由高位骤跌25%后，接着就得花5年的时间回补，这样的走势并不是什么新鲜事，我自己就经历过20次。但是道琼斯指数在一天之内就暴跌500点（22%）倒是让我惊讶不已。而且当行情在七八月份达到高峰之后，便开始往下暴跌了。这种突然的不正常的行情狂泄，起源于一些不当的技术操作：

首先是芝加哥期货交易市场中，有投机客像赌徒般胡作非为。在这里，只要有5%的保证金，就可以投资指数期货，真是不正常的现象。

指数期货的交易是股市投资中最复杂的玩法之一。现在，骗子就是利用这些玩法诱惑投资大众进入这一座大型赌场（指数期货市场）。在这个交易市场中的玩家，除了政府机构外，散户就占了一大部分。

所谓指数就是所有股票的平均价格，其实股票市场中本来就有参考指数，但芝加哥的投资人是第一个将之列为投资指标进行买卖的。这些投资人在通货膨胀时期投资商品期货市场，赚了不少钱。当通货膨胀被成功地抑制后，这些投资人在原料市场的投资宣告结束，接着转入指数期货的投资市场。一口指数期货是由500个不同的股票行情组合而成，单价高达17万美圆（1990年7月资料），但只要拿出约1万美圆作为押金，就可以买一口指数期货。用股票术语来说，一口期货的交易可以有高达94%的融资比例。也就是说投资杠杆效应非常大，大到违背常理。欧洲的股票市场20年来也没有过这样大的投资杠杆效应，在欧洲的股票市场通常会要求至少10%的押金。

因为指数是由500个不同的股票行情组合而成，指数期货的投资散户自己没有办法算出一口指数期货的价格。所以，每隔一段时间就会有新的小帮手，即精心设计的计算机程序来协助期货专家，投资人的计算机每隔1分钟就会更新50至100家股票的行情。

那么，如何在500家股票中挑选出50至100家股票？计算机会挑选出在同一时间内表现最好的股票来。然后投资人再根据计算机显示的资料，调整投资策略。例如在同一个时间点，若指数期货的表现比股票行情高出0.5%，投资人就会卖掉指数期货来买股票。

若情况相反，指数期货的表现比应有的价位低了0.5%，那么投资人就会卖出股票买指数期货，这就是所谓的套利操作（Positions-Arbitrage)。这种金融交易不是真的承接股票,也没有进行股票买卖。当指数期货行情走势突然受到重挫，价格降至比应有的水平还低时，投资人会卖掉手中的股票，改买指数期货，其实这就是以行情差异作为基础的快速买卖,这种操作不需要做任何思考,也没有任何的投资理由。

金童的昨日、今日

若买卖指数期货后，行情因利率上涨而下跌时，投资人则必须补缴因行情下跌而产生的差额，因为行情萎缩已将5%的押金耗光。如果投资人没有准时补缴差额,期货经纪公司就会强制进行平仓（即断头），这便是第一波沉重的卖压。

1987年10月19日全球性股灾的第二个技术面原因是:证券信托机构的财务管理师（俗称金童）可以自由运用存放在他们的证券保管箱内市值约数十亿的股票。当时，他们对未来行情走势失去信心，所以想先确保这些证券的价值，于是在芝加哥的指数期货市场内大量抛售证券。如此一来，原来的价位被他们拉到更深的谷底。在这场经济灾难之后，光是在纽约，就有6万个金童失去高薪工作、豪华公寓及名贵跑车。

这些所谓的证券信托机构，其实只是大型金融机构的对保公司，其目的是要避免股票市场中可能发生的暴跌现象。他们并不卖股票，交易的金融商品是指数期货。所以，这些金童所采取的行动，无疑是我最好的参考指针。他们的看法是把房子卖了，就没有失火的危险（意指把股票卖了，就不必担心行情下跌了）。

这样一来当然会产生连锁效应，股票市场行情跌得越深，就有越多指数期货被卖掉。另外，此时的利率上调更是把指数期货市场打入谷底。引起这场经济灾难的罪魁祸首便是芝加哥指数期货市场中反常的交易条件，上千名无辜散户的指数期货投资也连带被断头，所有投资大众完全陷入恐慌之中。

当投资大众看到道琼斯指数大跌500点之后，他们像失序的羊群一样四处逃窜，大量抛售手中的股票。当天我听到一位股票交易员描述他的客户是如何惊慌："我的客户们大叫'全部卖掉'，不是这只或那只股票，他们说的是全部。"

指数期货平仓、证券信托机构的大量抛售和投资大众的恐慌心理汇集成1987年金融市场的暴风雨。在一片混乱中，我接到众多的媒体通告，包括电视和广播节目，邀请我上节目说明，还有接不完的咨询电话。我相当镇静，只不过将其视为较大型的股市危机罢了。当时，我不禁想起我的老朋友尤金·温瑞布（Eugene Weinreb），他是个经验老到又十分狡猾的股市老狐狸，他从10岁那年便开始了他的投机生涯。有一天，他的秘书非常激动地在他面前说："证券行情大暴跌！"而他的反应却是："证券行情大暴跌？我该激动吗？我可是在奥斯维辛集中营待了3年……"

当时有很多投资观察家提到"疯狂"、"混乱"、"惊慌"、"神志不清"

等词句。精此领域的心理专家，看到他们所学的理论得到了证实：“在股市翻黑的那一天，投资人的潜意识里出现一种强烈的恐惧，这一股力量主宰了‘理性’的反应区。”虽然我总是将过度的悲观视为一件坏事，但我对人性有更好的见解：不是内心深处的那股恐惧力量引发了股灾，而是人性的一时冲动导演了这一场经济灾难。

经济非常兴盛时，投资人尤其冲动，当他们精神亢奋时，就看不见气球有被戳破的可能。无论如何，那一根针总是会来的。经济繁荣与萧条、股市高涨和暴跌，就像海水涨潮、退潮的循环，都有悠久的历史。其中只有一点不太一样，那就是海洋学家可以分秒不差地算出涨潮和退潮的时间。

瓶颈效应

我在股海中也算是老海洋学家，却没有办法事先算出股灾发生的准确时间及强弱程度。可是我在1986年7月已经在《资本》杂志的专栏中写道：“不论是外国投资者或者是本国人，这个月投资人的素质都不太好，数百万股票瞬间转至信心不足的投资人手中。这些人计划着等行情大红时，再把股票卖掉。但是到了这个时候，新的股票买主尚未出现。于是他们失去耐性，即使股价不是那么好，他们还是抛售了手中的证券。”

1986年9月，我更多地宣传了当时我对股市技术面的分析，要是15个月前我把德国股票卖掉，我就会到世界各地劝诫投资大众，赶快退出德国市场。因为，当时我亲眼目睹企业股票一家接一家争相上市，也看到众多银行对如此歇斯底里的状况如何推波助澜。我知道这里一定有内幕，因为德国最大银行的总裁竟然打电话给在苏格兰的琼斯先生说:“琼斯先生，现在赶快投资西门子股票。”这个年轻人当然对这句话相当认真，这可是出自重量级的德国银行总裁之口啊。因此，他买进了5万张，行情就是这样高涨的。

这位年轻的股票经理人才刚在伦敦经济学院或哈佛经济学院里考完试，便马上直奔银行。但是他根本不知道，股市行情会因他的举动而产生什么样的变化。这位德国的生意人也太过高估德国股市的规模了。当所有人都要卖股票时，便会产生著名的“瓶颈效应”。德国股市规模太小，根本无法容纳巨额的交易量。

我在预测10月份行情的专栏（在1987年10月19日全球性股灾的前一个月）里这么写道:“在面对全球性股市不断上涨时，我们更要考虑，这样的上升趋势还能持续多久，什么时候是行情的转折处。回忆80年代初期，当时股市笼罩在一片悲观气氛中，我曾写过，‘股市的反弹越慢发生，上涨幅度就越大。这样爆炸性的行情飞涨，不仅发生在华尔街，更会散布到整个世界，包括规模较小的外国股市。’”

我再一次证明，我的座右铭“永远保持担心，但绝不惊慌失措”是对的。这篇专栏的标题是:“股市下一次的崩盘绝对会来临。但从长期来看，还是会往上加温，感谢苏俄。”

戈尔巴乔夫行情

这是一次三赢的局面，股市惨跌已经发生了，但是现在又往上涨了。人们给这一次上涨行情起了一个特别的名称，叫“戈尔巴乔夫行情”。

有两个人要为东西双方飘忽不定的关系负责：一是当时的美国总

统里根，他花了数十亿美圆的经费进行军备竞赛，然后再花数十亿美圆裁减军备，为此美国还必须忍受财政赤字。另一个是戈尔巴乔夫，他是个既聪明又冷静的政治家（我得强调是政治家而非政客），他领悟到，苏联的经济储备会因花费巨大的军备竞赛而消耗殆尽。

戈尔巴乔夫第三次在日内瓦的协商会议中离开谈判桌，他几乎快要气炸了。虽然如此，里根的态度仍然十分强硬。无论如何，这位克里姆林宫的主人最后还是得带着建设性的提议回到会议桌上。欧洲的经济学家至今仍然认为，牛仔总统里根（同时也是剧场的演员）差点因为国防上的军备扩张而让美国跌入无底的深渊。

我的座右铭“永远保持担心，但绝不惊慌失措。”

最后，解决协商会议分歧的方法是一则来自布达佩斯的小故事。聪明又小心谨慎的格林想把100万佛利特（货币单位）存起来。

“请让我们来保管这笔钱吧！我们的利息很优惠。”储蓄银行总裁说。

“如果你们的银行倒闭了，会怎么样？”格林担心地问道。

“我们有国家银行和匈牙利政府做担保。”

“如果他们也破产了呢？”

“这是不可能的，因为苏联政府为他们做担保。”

“那好，如果连苏联政府也破产了呢？”

“可是，格林先生，我们私底下说说，难道这件大事不值得您拿100万佛利特做赌注吗？”

难道国际气氛的重大改变比不上美国的财政赤字吗？

戈尔巴乔夫建立了互信基础，并且确立裁减军备的政策，同时在他的主导下，苏联对西方国家开放经济门户。这三件事让上千种禁止输入前苏联市场的商品禁令得以松绑，未来甚至还很有可能解除。现在前苏联人可以买到上千种之前没有输入的商品。这些商品的主要输入国是美国（主要是高科技产品），其次是欧洲国家和日本。前苏联是个很有实力的买家。

我还记得，20 世纪 20 年代刚成立的苏维埃共和国曾经下了很大金额的订单给德国工业界。很多我认识的住在柏林的苏联商人，生意都做得有声有色。当时很多富有的俄国流亡贵族和他们漂亮的模特儿老婆会到巴黎定居，而从俄国流亡出来的生意人就在柏林定居。他们的财产都是由苏俄政府用来支付进口商品的汇票兑现而来的。德国公司为了将产品输入苏联，每年以30%的预算来支付利息。我们很容易想象，如此一来，德国必须将利润提得很高才能负担利息费用，虽然苏联买到了他们想买的东西，但是有很多汇票根本无法兑现。

苏联人想要买些内心渴望已久的东西，他们的需求是如此之大，因此小心谨慎的人会问:“他们有足够的钱吗？”答案是肯定的，他们有挖掘不完的丰富地下资源，而且一直到现在还未充分开采。

苏联人也很可靠，我的很多朋友在第二次世界大战前就开始和苏联的贸易代表接触，这些贸易代表的意见都相当一致。因此，和他们交涉很艰难，进度十分缓慢，通常双方的协商代表会在烟雾弥漫的饭店房间里，一边谈一边喝伏特加，从深夜谈到第二天东方露白，一直等到苏联人准备签署协议为止。只要签定了合约，苏俄的代表就不会再有任何异议，而他们收账时，就和英国的银行一样快速准确。

我最大的希望是戈尔巴乔夫的政治道路能一路平安顺利，他的例子告诉我们，一个出色的政治家要拥有使人折服的领袖气质。这一点非常重要，因为这样的特质可以为经济带来充满希望及信任的气氛。在所有有影响力的股票、债券、贷款的背后是什么？所有这些事情的背后只有信任罢了，而且是完全的信任。

乐观VS悲观

戈尔巴乔夫在国外比国内受欢迎且声望还要高，虽然他已经被扳倒过10次，但每次总是能东山再起。他是个能够在挫折中再度爬起的人，就像股市投资人一样。因此我很有信心地把对未来的展望建立在他所推动的政策上。

我也常被问到对于1992年将成立的欧洲共同市场的看法。我对此也很有信心，但是我认为1992年是不可能达成的，而且这个期限一点也不重要。我喜欢以1930年首次上演的一出法国戏剧来说明我的观点。有一个年轻人因为一次失败而想自杀，在最后一刻，他遇见了一个叫拉脱哈德（Le Trouhadec）的老人。拉脱哈德是个地理学教授，也正遭遇严重的打击。在甄选学会会员时，拉脱哈德被竞争对手中伤，说他是个不合格的科学家。竞争对手指出，拉脱哈德在一本书中提及一个叫多娜谷通卡（Donoggo-Tonka）的地方，位于南美洲的某一处，那里蕴藏着丰富的金矿。但是这个竞争对手发现，这个国家根本不存在。想自杀的年轻人听到这里好像突然醒了过来："什么？多娜谷通卡不存在？那么我们就来创造一个吧。"于是年轻人成立了一家公司来开采金矿，并和银行家、金融家及媒体记者接触，大肆宣传此家公司新上市的股票。

不久，所有人都在谈论多娜谷通卡，探险家、淘金客和生活不如意的人成群结队地来到这位地理学教授描写的黄金矿脉所在地，开始工作。尽管他们还没有找到黄金，但还是得安排生活起居，于是他们建造起小木屋来住，后来小木屋变成水泥屋，最后就形成了一个小城市。这部戏的最后一幕是，这里的居民正在庆祝他们来到多娜谷通卡的第十个周年纪念日。城市里的所有事物都完美地运作着。当他们正在为一座雕像揭幕时，通知拉脱哈德教授获选成为学会成员的电报刚好送到。

欧洲此时正狂热地为1992年做准备，投入大量资金建设，1992年后，这个区域市场会是什么样子？经济学者分析，什么人将会是最大的受益者呢？答案是除了悲观主义者外，其他人都可以在这个区域市场里获利。

我说过不下10次，我们正走向世界性的经济起飞，而且那将是目前这一代尚未体验过的大繁荣。我很希望能见证这个预言。

如果我能回到70岁，我希望能击败那些天生悲观的人。1987年后的3年间就印证了投资人一定可以赚大钱的说法。但若想成为股市大师，则至少得花上40年的时间。

根据一则传说，荷兰移民曾在新阿姆斯特丹（现称为纽约或曼哈顿）建筑一道围墙防御印第安人的攻击。我想，重新在原来的位置（现称为华尔街）再筑一道高墙，应该是不错的主意。这面新墙的目的是要防止数百万几乎疯狂的投资人进来搅乱金融市场。

自1987年10月19日发生经济灾难以来，政客、学者及股市官方机构一直在讨论，要如何避免同样的惨剧再度发生。无奈学者和政客都没有足够的相关经验，无法帮助他们在讨论时切入问题的核心。

多年的股市生涯让我有勇气提出建议来改革指数期货的交易业务，对我而言，无庸置疑这是引起1987年10月19日股灾的起因。在我说明这项建议之前，我想先解释什么是自动成交系统，以及计算机在金融事件中所扮演的角色。

小托马斯·沃森（Thomas Watson Jr.）是IBM计算机的鼓吹者和倡导者，如果他知道今日计算机要为所有金融市场中的祸事负责，一定会死不瞑目吧！这句话当然是在瞎扯，计算机跟这些祸事根本毫无关系。

人脑VS计算机

计算机所做的事，即使投资经理人没有计算机也可以做到，计算机就和人们吃到臭鱼时所用的餐具一样无辜。问题出在那条臭鱼上，而非叉子。电子数据处理系统只能处理丢进去的资料，若进去的是垃圾，出来的当然还是垃圾。

计算机可以是一项重要的辅助工具，例如提供信息。当我们想知道某一公司的资产负债情况时，通过计算机就可以用最简单的方式得到相关资料。但若在20年前，我们就必须在图书馆花很长的时间反复搜寻，才能找到所需的资料。计算机可以帮助我们随时调阅过去所有的资料或是某一年度的相关资料。但是计算机不能猜想未来的事，也不能代替投资人思考。

什么是自动成交系统？它又会带来什么问题？基本上，这和以最快速度“止损”有关。止损是一种限制损失范围的方法，也就是立即出售股票。相反地，当股市行情上涨时，自动成交系统可以在股价进一步上涨前，抢先买进股票。这种方法源自于20年代的华尔街股市。当时股票市场异常火热，正处于上涨狂飙阶段，正和今日的股市一样，像一座危险的热带丛林。只要投资人缴纳10%的保证金，股票经纪商就会接受委托单，进行股票交易。

如此的投资条件和股票经纪商的佣金有很大的关系，一笔10万美圆的买进交易，客户只要拿出1万美圆，同时签署一份止损委托契约，这份契约指定在行情下跌2%时自动生效。如此一来，因为10%的保证金可以吸收5天内每日2%的行情疲软，所以当一半的保证金已经抵消因行情下跌而产生的亏损时，股票经纪商还不需要向客户追缴保证金。

现在的证券信托机构中的管理师已和1929年时大不相同，现在他们完全不在乎押金或担保品，因为所有的风险由他们所属的证券信托机构承担了。他们不会用脑子思考，商学院并没有教这个，他们只是预先设定好证券在某一个行情指数时自动买进或卖出，而且他们还依据一些没有意义的图表理论来决定证券交易操作。

现在，对证券信托机构中的管理师而言，止损委托契约是一项证券操作利器，他们遵照一位股市老玩家的格言进行证券操作:“已经下跌的股票还会跌得更深；已经上涨的股票还会冲得更高。”因此他们称这种做法为“止损”。于是不管是在什么样的情况下，只要股市行情来到某一点，证券就会被卖出。但如果超过指定的行情，就不会挂卖。例如某股票的目前行情是100美圆，而输入计算机的止损价格是90美圆。那么不难想象，如果有1万个投资人的止损价格都是90美圆，就会有卖压涌现，而行情就会下跌。而且持续卖压还会将行情逼至85美圆。然后新的止损价格就变成85美圆，但这个设定又会让行情跌至80美圆。于是,最新修正的止损价格便来到80美圆,情况就是这样发展的。结果是行情出现重挫，投资大众的心理也陷入恐慌。

计算机在这套自动成交系统中所扮演的角色只是登录和执行止损

委托契约。假设行情或指数跌了几个百分点，计算机就会遵循投资人所下的指令，自动将证券或指数期货挂单卖出。行情跌得越多，卖的也就越多。相反的情况也是一样，当股市行情到了某一个高度后，计算机会自动帮你买进某只股票；但行情若在指定的价位以下，计算机便不会执行。

我承认，自动成交系统在某些情况下也许可以提供一些帮助，但是现在的投资经理人根本不用头脑思考，只是一味用计算机来决定投资策略。我认为，他们应该为恐慌性卖压和证券的贱价抛售负起最大的责任。

这种止损卖压在1987年和1989年的10月间曾引起投资恐慌，也许是因为投资人迷信，想在1989年最后一个黑色星期五（在10月份）同时将所有持股卖掉。隔天的股市万一上涨，你就可以看见同一批投资人下低价买进委托单。

如果这些委托单早几天以口头或书面方式转交给证券经纪人，结果还是一样的。自动成交系统不是一项新的制度，也不是所谓的股市革新，只是建立在许多股市投资人都有的这一项原则上："放任获利成长，限制损失范围。"

有很多人赞成这一个原则，但这纯粹是个人的喜好问题。早期我也曾一度相信这个理论，可是，当时的我只能算是股市的无能者而已。之后我从实际的股市操作中学习到很多东西，也缴了很多"学费"。现在我是股票长期投资的专业人士，长达70年的经验告诉我，只有长期投资和反向操作才能在股市中赚大钱。使用自动成交系统有时会获利、有时会亏损，但投资人最后一定会破产。

谁需要思考

证券信托机构中的管理师不只利用自动成交系统进行金融市场的投资买卖，而且还会随新闻媒体的新闻做出投资反应。一家证券经纪公司的证券交易员告诉我，在发布美国贸易逆差高于上个月的消息前，他一直接到委买订单，但消息公布后，立刻有上千张股票挂单要卖出。

债券市场几十年前就开始使用计算机协助计算。芝加哥的指数期货投资人，也是根据计算机计算所得的指数买卖指数期货。投资人在任何时间都不需要思考，因为所有资料早就显示在计算机屏幕上了。因此，所有投资人的投资行为都是那么歇斯底里，没有人会经过一夜未眠的深思熟虑来决定该如何行动。

一天的指数期货交易额可以高达 270 亿美圆，但在股票市场中真正买卖股票的交易额却只有 10 亿美圆左右，而且是由芝加哥的期货交易带动指数大涨，不是由华尔街的股票交易创造出行情。指数在一天内来回震荡，也越来越歇斯底里，但是影响未来走势的因素和外在环境根本没有发生任何变化。

我对改革指数期货交易的建议如下：不能废除限制指数期货交易时间的规定，而且还要禁止为配合华尔街股市交易时间而采取的延长交易。指数期货的买卖应该在华尔街股市交易时间结束之后才开始。另外，还要和伦敦的黄金交易市场一样，规定当日的单位交易价格要相同。在伦敦黄金交易市场，黄金的交易价格根据买卖的交易数量每日只冲销 2 次。

这样的方式不是什么新做法，早在二次世界大战前，我们就会在咖啡馆内打赌当天晚上道琼斯指数的收盘指数。预先的交易（也就是事先的打赌）会引起投资人的歇斯底里，然后传染到华尔街股市。我不知道实行我的建议后，投资人是否就能因此摆脱人类的愚蠢，但我能肯定的是，如此一来必能控制投资人歇斯底里的投资反应。

如此做法必定会使股票专业经理人损失好几百万的手续费，但肯定有利于投资大众的利益，就像我们对尼古丁所采取的限制。我想在听证会里提出建议，但也相信我的建议绝不会被认真考虑。因为该死的股票专业经理人有一个足以阻挡任何有损他们手续费的前厅。

号子里的交易员充其量只是个懂得利用计算机完成交易、不须动脑筋的办事员；但是投资人必须是个用脑思考的人，还要懂得和计算机及发神经的股票族保持距离。IBM 的总裁小托马斯・沃森，对于计算机阻止人类思考、甚至剥夺人类思考能力必定会感到十分愧疚和不安吧。不然为什么他会规定所有员工的桌上要放一块写有“Think”字样的铜制装饰品？

上次在汉诺威电子展（CEBIT-Messe in Hannover）上，我在里面到处参观，并在 IBM 的摊位上遇到 IBM 总裁。他认出我来，并问：“科斯托拉尼先生，需要我为您介绍什么吗？您对什么东西最感兴趣？”我回答他：“计算机，一台可以算出明天股市行情的计算机，至于其他的事，我已经有一台个人计算机可以帮我达成。”他想知道我的个人计算机是哪一型，我告诉他：“我的头脑就是这台个人计算机，而且我要告诉你这台计算机是怎么工作的。”于是我向他讲了一小故事。

故事发生在 19 世纪加利西亚（位于西班牙）的一个小镇，一个夜班警卫来到市场内的岗哨，走进值勤室，他把长柄斧和灯笼放在身边，开始打起盹来。突然，有一道刺眼的光线使他醒来。是什么东西？他心里想着，但眼睛还是闭着。然后他开始猜测，是街灯吗？但 19 世纪的加利西亚哪来的街灯呢？月亮吗？他算了算，当时的月亮应该还只是新月，不可能，月光不会这么亮。接着他把手伸了出去，外面正在下雨，星星的亮光也不可能让他醒来。接着他把这台“个人计算机”调到高速，很快地把刚刚的想法逐一重新过滤一遍：不是街灯，不是月亮，也不是星星。“火！”这个字突然从脑子里迸出来。

自从我告诉 IBM 总裁这个故事后，他便经常邀请我去演讲。当然，每次我都会把这则故事从头再讲一遍。

第8章

股市大师

这些人所做的股评，
就和以下叙述一样没有任何意义：
当公鸡在粪堆上啼叫时，
就表示天气会变或维持原状。

8

在1987年10月19日股市崩盘后，大众的惊恐无疑是由股市大师们所引起的，因为他们不断地用这次的事件和1929年的经济大恐慌作比较。

1929年经济大恐慌的预警是：高失业率、工厂倒闭、物资缺乏，失业的银行家到街头卖苹果或是擦鞋。此种景象在低失业率及经济全力发展的1987年，有可能发生吗？

1929年时所有东西都待价而沽，却没有人买得起；但如今大型金融机构争相吸引企业客户，想把手上的资金借给他们，从经济情况看来，一点也没有金融危机或是经济衰退的征兆。

另外还有一点不同，现在世界经济体系不再是金本位制（Gold standard，纸币有金或银支持，可兑换成黄金或白银，本质上仍然属于商品货币，货币发行银行可以依照实际需要提高货币量）。1987年10月20日时，美联储主席格林斯潘（Greenspan）宣布，美国联邦储备银行一定会满足市场上每一笔资金需求，所以我想现在已经没有危险了。此外，黄金价格并未如预期上涨，反而是国债的行情直往上冲，这是对这个国家及其制度深具信心的一种表现。

各个媒体最终将会发觉，所有的经济学家又错了。1987年11月初，也就是崩盘不久后，来自世界各地的33个教授齐集于华盛顿，在研讨会中他们提出了对世界经济最悲观、最夸张的预测。之后，我马上写道："啊！美丽的世界，这33个教授使你不知所措了！"

垃圾债券

《明镜》杂志的一位记者针对我的乐观主义作出如此反应："我还是坚持我对世界经济的负面评估。我无法理解像安德烈·科斯托拉尼这样的'股市专家'怎么会对世界经济提出这样正面的预言。"他的文章让我觉得好笑，尤其是用到了"传闻中的股市专家"这几个字，不知他是否也曾用过"股市教主"或"股市教父"这样的词汇？

"垃圾债券"（Junkbonds）在华尔街流行多年，垃圾债券原本是指二次世界大战时及之后的德国、意大利、日本的债券，以及再过几十年后的沙俄、中国股票及许多类似的证券。这些债券及股票看起来好像没有分配股息的希望。但我常常冒险从中挑选"可靠的"垃圾债券投资，也真的从二次世界大战后的德国及意大利的债券中赚了一笔钱。两年前我也曾考虑是否要持有一定比例的前苏联国家债券。

在美国有一种公司专门发行这种垃圾债券，这种公司借助外国资金，收购被投资大众低估市值的企业。这种新型债券与一般稳当的投资不同，投资回酬率不只16%到18%而已，投资人虽然必须自行承担风险，但有可能从中获得巨大利润，因为这种债券的利息收益，比最好的国家债券还要高出约8%到10%。

在某种程度上，发行公司知道这种投资有成功的可能，同时也必须承担风险，这意味着，发行公司将与被收购的企业的命运相联系。而其风险在于，被收购的企业现金流量可能不足以支付利息，最糟糕的情况便是发行公司破产。若是如此，发行公司的债权人（即购买债券的投资人）就得接受延期偿还或是降低利息。

发行垃圾债券的公司陷入经营困难时，还有一个解决办法：将发行的债券转换成股票，就因为这个做法，直到今天，只有部分垃圾债券发行公司真的破产。

在资本主义社会中没有无风险的获利，若不是有一些冒险家拿自己的钱做赌注，让想象力自由延伸，就不会有蒸汽机的发明和今日的汽车及计算机，也不会有美国的摩天大楼、埃及的苏伊士运河或其他世界奇观。世界就是一项探险，或者用现代的话来说，是一项风险事业。

企业的起始：冒险

隶属股份公司的分社、股票发行公司、企业都有一个共同的起始，那就是冒险。

在哈德逊湾公司第一次发行股票300年后的今天，“Venture”（意指冒险事业，冒险投资之意）一词又再度风行起来，最初是在华尔街流行，几年后到了欧洲。这个词同时也是创业投资金的一个强而有力的广告词，也是新公司要发行股票时常用的字眼，早先德意志银行就是这么做的。

当前，德国对创新事业的行销方式让我充满疑虑。只要浏览一下报纸的广告页，就可以看到最诱人的获利承诺。过去25年，有太多奸商在所谓的投资行业中吞噬了好几百万存款。最近则有一大批股票经纪人利用这个时髦的字眼来胡作非为。

我们对这些投资风险必须要能够处之泰然，因为没有风险就不会有进步。金钱投资本来就是不断冒险，以前是这样，将来也是这样。这点当然不会妨碍我及我的伙伴去分辨出投资目标的良莠。

所以，对于今日相当受欢迎的上百种投资事业而言，垃圾债券已不是“垃圾”。甚至连电信集团 AT&T 也已经决定，他们的退休基金要减少对绩优股的投资并增加对风险事业的投资。很有可能因为风险事业的投资不在股市交易，而导致投资人无法看清楚股价。

风险是清晰可见的：在发生经济危机甚至是经济衰退时，垃圾债券便会陷入困境之中。于是公司的收购人便无法用之前的合理价格卖出资产，以支付债权人的债券。

大多数的企业收购行动是看好未来经济发展的一种投资行为，因此当被收购公司的负债维持相同时，其市值便会大幅上涨。

我们也不要忘记，因为垃圾债券的利息比一般的要高，随着时间一天天过去，债券持有人会处于较有利的位置。大约 4 年后，当初的买价就可以以复利的方式回收了。

金融市场的表现有时也会非常歇斯底里，投资人可以从中看出，这是大型的收购案给整个工业债券市场所带来的巨大震荡。投资人对此所产生的恐惧是，其他的大公司也可能会被收购，因而会使旧债券的信任度走低。

总之必须有买主，才会发生收购。美国联邦储备委员会绝不会允许美国发生经济衰退，因而会供给充足的流动资金以稳定美国经济。

恐慌制造者

过去 10 年，有不少恐慌制造者不断预言世界经济的衰退，其中一个便是我的好友、前法兰克福的银行家菲利普 · 冯 · 伯特曼（Philipp Freiherr von Bethmann）。他以前经常在《法兰克福日报》刊登整页的广告，警告人们世界经济即将全面崩溃。他的公开言论想必花了大把银子，而《法兰克福日报》则因他的恐惧得到了一笔好生意。

大约 5 年前，我参加了一个研讨会，里面全是一些世界末日的预言家，他们一个个把情况描绘得越来越黑暗：“我们要思考，如何才能把资产移往美国，让资产得到保障。”后来，我真的受不了了，便站了起来，与邻座的女士告别。

罗伯特 · 普雷希特（Robert Prechter）是为人们所熟知的漫天胡扯的“股市大师”。30 年代中期，他便以极负盛名的股市大师身份在全世界各地买卖股票。1987 年 8 月，他预言 1988 年道琼斯指数会到 3686 点，就如同一位气象学家预测在 8 月 15 日时的气温会是摄氏 25.4 度一样。10 月股市崩盘后，普雷希特马上将他的道琼斯指数预测调低到 1300 点，几个礼拜以后甚至降到 400 点。股市当然可能上下涨跌 1000 点，但是这些预言只能算是愚蠢至极的行为。只要在混乱的时代，例如现在，这样的“股市大师”就会如雨后春笋般纷纷冒出头来。

一些爱搬弄是非的人声称，是魔鬼创造了交易所，因为他要向人们展示，魔鬼和上帝一样，可以从一无所有中创造出财富。

另外，罗伯特 · 法雷尔（Robert Farrell）是美林证券的分析师，也是华尔街最受欢迎的股市观察家之一。在一篇有关科技股的股市评论中，他写道：“股市正准备往循环性的高点攀升，然后再下跌至谷底，但是也可能有延续向上爬升的力道，到达一个出乎意料的高点。”这些人的评论就和以下叙述一样不具任何意义：当公鸡在粪堆上啼叫时，就表示天气会变或维持原状。

这使我想起约翰·皮尔庞特·摩根（John Pierpont Morgan，美国摩根银行的创办人）的一番话。1907 年华尔街崩盘时，一个记者问他对未来股市发展的看法，他回答得十分简洁，却有许多内涵：“股市将会高低震荡。”如果我是他，我会再加上巴黎市徽上的一段话：“它摇摆，但永不坠落。”

股市大师吹嘘的例子相当多，多到可以写成另外一本书。

结论是，投资人应该永远保持最高的警惕来对抗这些算命家和预言家。但遗憾的是，大众总是健忘的。而且，大师们所做的承诺越大，投资大众就越容易轻信。大多数的人总是想，这次总该像大师们所说的那样了吧。他们渴望有预言家，并拥护曾经有一两次成功预言股市经济的人为股市大师。

至于政治界、经济界内部人士所做的预测，也往往不比那些自命为专家的人准确。30 年代时，我常常去伦敦，那里住着我另一位匈牙利朋友，也是我年轻时最要好的朋友洛德·巴洛格（Lord Balogh），他是劳工党的经济顾问。从巴洛格处我可以得到一些伦敦股市的内线消息，巴洛格是 Falk&Co.（一家著名的国际财务公司，主要为顾客提供财务体系的检测及税务方面的协助）公司的分析师，这家公司的股东都是像凯恩斯般赫赫有名的人物。凯恩斯是我们那个年代最有名的经济学家。奇怪的是，我透过朋友从这家公司得来的股市内线消息，没有一则是正确的。

凯恩斯倒是从投机操作中赚了一笔可观的财富，在第一次世界大战后，他投机印度卢布、法国法郎、德国马克、意大利里拉，这些投资大都是放空行情的操作。他的外汇投机相当成功，但是进入到股市就不是这样了。

最近有一位新的“股市大师”在美国政坛崛起，就是马丁·费尔德斯坦（Martin Feldstein），他曾是里根总统智囊团的一员，据说现在是布什总统的决策顾问。但我不相信这个传闻，而且至今我也未见到能证实这个传闻的蛛丝马迹。

为何我会这么说呢？5 年前，我曾和费尔德斯坦谈过话，我问他，美国的石油进口量有多少。他摇摇头，尴尬地回答，他真的一点都想不起来了。

怎么会这样？外贸政策的权威竟然不知道石油进口量有多少。美国进口的石油可是占了全球石油总出口量的 1/4 呢！

费尔德斯坦（他同时也是教授）应该会用到这个答案，以估量如何消除美国贸易逆差及国家预算赤字吧？照他的看法，美圆应该会再贬 13 个格罗森（Groschen，奥地利货币单位）以平衡贸易赤字。以他对美圆的强烈抨击，不如说他是美国外贸局的代表，因为美国外贸局总是不断地为美圆下跌找借口。

若是要我一一反驳费尔德斯坦的所有主张，那么本书的页数一定会暴增两倍，所以，我只能到此打住。

创立乐观主义学派

专门分析股市危机的“股市大师”，以经济方面的理由来解释下跌的股市行情。

华尔街股市在伊拉克对科威特采取武力攻击后急剧向下探底。这一点也不令人感到意外，投机客、股票族或是股票经纪人对中东爆发的闪电战，除了恐慌之外，还能有什么样的反应呢？

正确地说，引发这一歇斯底里的股市反应的，并不是萨达姆，而是最新公布的美国失业率。当失业率从 5.2%升至 5.5%的消息在华尔街传开时，山姆大叔的股民们又一次神经紧绷起来。几个月前，股市才因为另一个理由而出现过重跌：当时的失业率下降，但是他们认为，当经济环境一片乐观时，美国的股市就要脱轨了。

这时美国股市的专家们沦为统计资料的奴隶，有一天，他们甚至掉到了极度悲观的深渊中，理由是上扬的经济景气指数会使美联储停止降息。隔天，他们又担心，因为听别人说经济状况不是那么好。突然间华尔街的证券就好像掉进冷柜一样。要是利率降了，同时又传来企业的好消息，情况又会如何？

大多数的专家当然可以在一大早就知道要买或要卖，但是，人们真的有办法在早上就计划晚餐要吃多一点或少一点吗？难道多吃或少吃与胃口或是菜单上提供的餐点一点关系也没有吗？

真正的专家是不会在意短期震荡、中东的独裁者以及失业率的。聪明的投资人也不会在意那些道琼斯指数跌到 3 000 点时便摆出一副任人宰割样子的解盘分析师。

道琼斯指数曾经两次来到 2 999.75 点。“当指数无法越过一个具有指针性的数字时，就会再次下跌。”这是每一个技术面分析师都知道的理论，这套说法和美国著名的股市指数走势图有异曲同工之妙。股市指数走势图其实只是一堆毫无意义的数字综合而成的讯号，股市的 3

000 点门槛就和 1000 点门槛、2000 点门槛一样，不具有多大的意义。

更重要的是，自 1925 年以来，很多被评为中等的小股票，股价已经翻了百倍以上，而绩优股也有 25 倍之多。

我要以最诚恳的态度来说，所有 8 年来不断预测经济崩溃的股市教主们的预言都还未曾发生过。他们已越来越没有耐心等待那天的来临，但到时他们会心满意足地说:“不，我没有这样说过！”我的回答是：“有！你有！”即使发生了伊拉克危机，他们的预言仍然是错的。股市并不如这些人所讲的那样，相反，甚至可能和 1939 年战争爆发时一样，突然冲到高点。

大多数的美国证券投资经理人都错过了道琼斯由 1900 点狂飙至 3 000 点的行情，自此之后，他们不断想赶上指数行情，但指数老是比他们的动作要快。现在华尔街的投资人只想在股市跌到谷底时再进场。

许多股票经纪人也希望股市跌到低点，他们因为害怕进场而建议顾客不要买，但之后总是会挨骂。此外，股票经纪人之间弥漫着一种浓厚的悲观气氛，他们拉长了脸四处奔跑，因为他们当日的业绩无法和开销持平。每日 1.5 亿的成交量是平衡赤字的最低要求，但是即使是这个数字，他们还是经常达不到。

于是“股市大师们”在 1987 年 10 月股灾发生之后，就预言会有如同 1929 年经济萧条所引发的通货紧缩，这些人这次说通货膨胀即将发生。他们的推论是，过热的经济一定会导致引发通货膨胀的预期心理，通货膨胀会使美国联邦储备委员会提高利率，而较高的利率则会让股市下探底部。

现在，“股市大师们”每天都毫不犹豫地将任何小事件解释成即将发生通货膨胀的前兆。失业率创新低，不好！有很多新的工作机会，不好！出口贸易量上升，也不好！因为这些会让经济更热而造成通货膨胀。

这些片面的、短视的新闻分析，对股市是完全没有意义的，因为投资人必须要有整体性的考虑，眼光也要放远些。调高利率不表示利率一定会高过公司业绩的获利成长率。尽管高利率会发挥刹车的作用，但刹车所造成的行情下跌一定不会引起崩盘。而且，经济冷却已经明显被感受到，因为美联储在过去一年里持续缓和地提高利率，他们已稳稳掌握了经济发展的状况。

对我来说，交易所是伴有美妙音乐的蒙地卡罗，但你必须拥有天线，才能接收到它的音乐并辨识出它的旋律。

不断害怕通货膨胀的那些人也会自问，难道最好的避险工具不是黄金？在我眼里，黄金根本就是毫无利用价值的资产。虽然黄金的价格相当低，但是现在前苏联却因为西方国家对其经济抵制较为松弛而不断卖出黄金，以购买许多从前买不到的货物。

虽然黄金的走势如此之低，但其行情也有可能因某些政治事件而有少许上扬，伊拉克入侵科威特便是影响金价走势的一个事件。前苏联利用这个机会，趁机在国际市场上大量抛售黄金。

那么，当通货膨胀缓慢进行时，什么是最好的投资工具呢？

几个礼拜前，我走过维也纳的科特尔街，1919年时的记忆突然闪现在脑海中。有一天，一位因战争受伤的军人撑着两根拐杖站在某一个街角，一串鞋带捏在他的手里（后来我才知道事实上只有一条）。这个军人不断地叫卖，许多老维也纳人都还记得："不是稻草，不是纸，真的是和平商品（指战时的奢侈品，最有价值的东西——译者注）！"这段话让我联想到我想用来叫卖的一句："不是黄金，不是白银，真的是和平商品——股票！”

世界上有一个由教授、经济学家、经济专家所组成的悲观学派，他们与股灾预言家及天性悲观者、银行危机、利率灾难和其他悲惨的事物联系在一起。在此我要宣布，我将成立一个反专家的乐观主义学派，随时欢迎任何人加入。

第9章 投机的世界

投机者不是一本百科全书，
但他必须在关键时刻觉察出关联性，
并作出适当的处理。

9

有一个对交易所的定义是“没有音乐的蒙地卡罗（Monte Carlo）”。对此，我必须提出异议。夏天时，我住在离蒙地卡罗只有几分钟路程的法国里维拉（Riviera）。只要偶尔心血来潮，想要有一点交易所的气氛时，我一定不会去蒙地卡罗。

可怜的蒙地卡罗，只有几百个老先生和老太太，试着用一些筹码维持生活所需。现在我只要想到每天在纽约交易所买卖的上百万股票，这个可悲的景象就与之形成强烈对比。

这是真的，很多玩家在华尔街就是如此处理他们的钱，就好像交易所是个大型赌场一样。交易所的游戏带着资金和利润的诱惑力，吸引了上百万的小资本家的资金和存款。如果交易所的投机活动没有达到数十亿的规模，哪来19世纪的铁路，哪来20世纪的汽车、电子、计算机及其他革命性的变革？即使有时未经许可的交易活动导致巨大的经济危机，但剩余的部分也总会产生一个不可思议的新工业。以一句话来说明：投机取巧者是经济的寄生虫，扮演着特殊的角色。

我曾经短暂地在交易所内享受过如诗如画的小圈子生活，但不是在蒙地卡罗，而是在巴黎。华尔街著名的经纪公司在布隆尼森林举行高级社交晚会，庆祝公司成立 100 周年，700 多个交易所玩家和投机者被邀请参加。来自纽约的年长股东向巴黎的高层投机者问候之后便翩翩起舞。在 3 种管弦乐器的齐奏之下，交易所内男女双双跳舞，直到黎明。我真的玩得很开心，最优质的香槟、异国风味的水果、美丽优雅的花篮、戴着白色假发的侍者，所有的一切都是那么美好和隆重。

此时一位年轻的女士在钻石的光泽下试着从邻桌那儿得到可靠的交易所讯息，为的是能在下个冬天订购一件新的貂皮大衣；一个抽着烟的胖先生和他的同事谈论着，而他的脑子里早就计划好了如何用获得的利润盖一座游泳池。“我把新游艇取名为‘波音’，”我的老朋友对我说，“因为我买游艇的钱是投资波音得来的。我买进波音几个月后就卖了，股票竟然增值了好几倍。”人们说着各种语言，在场的有各式各样的人：盎格鲁撒克逊人、亚美尼亚人、俄罗斯人。

那是个在美圆照耀下的夜晚，是和平共存的最好象征，也是个比在蒙地卡罗更有趣、更有声有色的夜晚。

热带丛林

70 年来，我生活在一个如同动物园的世界里。我有很多朋友——贵族的后裔、知识分子、扒手和盗贼、有钱的大财主以及穷苦的人，有各种各样的交易所投机者，有科班出身的交易大师或一个钟头换一个交易所的玩家，有业余爱好者、半业余爱好者，也有狡猾的投机者等等。

另外还有一群技术上的业余爱好者：银行家和职员、经纪人、代理人，一贫如洗的投资顾问——与其说他的职业是财产管理者，不如说是吸尘器推销员更贴切些。还有一群通过在交易所赚取手续费和佣金维生的人。

最重要的人物是“做多的傻瓜”、“放空的猛禽”及其他的鸟类，他们聚居在这个我 70 年来所生存的世界。经过这么漫长的时间，我可以从这个动物园似的交易所里得到一些乐趣，年轻一辈甚至可以幸运地从里面得到好处。

交易所是个彩色的世界，一片弱肉强食的热带丛林。有放空投机者和买进投机者，或者像盎格鲁撒克逊人的描述——熊和牛。

公牛是投机者的象征，在前面当前锋，以它的牛角把所有东西抛到高处，当然，最重要的是行情。放空投机者是猎人，在捕到熊之前，就先卖了兽皮，他很可能碰不到熊，所以早先卖出的兽皮便造成损失，必须再买回来。

在世界上所有的交易所中，牛都不希望看到熊，而熊也不希望有牛存在，两者的世界观基本上是非常不同的，对于经济或政治事件，他们从未有过一致的想法。放空投机者悲观地评论着每条新闻，而买进投机者却下了乐观的判断。

只要我有机会和交易所的投机者交谈 10 分钟，就可以判断他是买进还是放空的投机者，因为交谈中没有一刻会离开交易所这个主题，我的“交易所心理分析”便可以快速判定出来。只要两个投机者碰面，他们不会问:“您最近好吗？”而一定是:“您认为市场情况如何？”

投机者是只相当引人注目的鸟，他们的动机各有不同，一个典型的“聪明的投机者”代表是众所皆知的维克托·莱昂（Victor Lyon），在交易圈里大家称他为“吸血鬼”。他以掌握秘密信息出名，只要他知道有几百万受制于买进投机时，他就开始做放空投机。他总是一再重复说:

市场上的技术形态是固定的，只要所有的股票被“弱手”持有，就一定会有经济危机。而他总是对的。维克托·莱昂常说：“1 天的放空投机比 30 天的上涨行情使我获利更多。”

除了“才智”决定投机的方式，也有心理层面的放空投机，他决定成为放空投机者纯粹是个人心理因素：对钱的高估。或是某个人受胃病之苦，总是心情不佳，所以不可能成为买进投机者。

牛和熊的对立

我在交易所的第一个客户，就是一个“心理影响生理”的放空投机者。交易所顾问古斯塔夫·霍夫曼（Gustav Hofmann）是我父亲的好朋友，虽然他自称为银行家，但是他唯一的客户却是自己。基本上霍夫曼做的是放空投机。有一天他到巴黎访问，我带他去交易所作一些说明。那时行情很稳定，他问我巴黎的行情如何，我把行情告诉他，他当时的回答是：“太高了，这行情真是离谱。”

牛和熊在经济上的利益正好相反，然而竞争的结果并不取决于两者的强弱与否，而是如上所述，取决于很多政治、经济及心理的因素，取决于不同形式的无法估量的事物。

牛完全不能想象行情下跌的情况，在他们看来，行情上涨是很正常和理所当然的，他们视行情下跌为不可能。相反地，熊追求的是一种几乎违反常理的苦痛。熊曾被一位交易所诗人用以下的诗句来定义：“放空投机者会被上帝唾弃，因为他追求的是他人的钱财！”这样说也对，因为当其他人受到股票行情下跌的损失时，他就可以从中获利，而买进投机者是经由企业股票的行情成长来获取利润的，不会从中造成其他的遗憾。其他人怨声载道的时刻，就是放空投机者欢欣鼓舞的时刻。根据经验，100 个交易所玩家中，只有 5 个是放空投机者。

另一方面，鸟并不在乎牛和熊所做的事，他们有自己的世界，是理论上的玩家。这类人对买和卖都心不在焉，他们把获利和损失记在脑子里，皮夹里则完全看不出丝毫痕迹。但是当这些玩家获得理论上的利益时，他们是快乐的。

至于只在星期五买股票的周末玩家，他们确信大家会在乐观的周末过后，星期一做买进的决定。但至今我还未发现他们之中有百万富翁。另一类只从事破产公司股票买卖的人，交易所的行话称他们为“潮湿的脚”，他们认为一定会有奇迹发生，可能发生在这里或那里。

每个玩家的胃口都不同，有知足常乐者，也有谨慎小心者，还有只想鸿运当头的。有野心的投机者宣称:“对小小利润感到自豪的人，不会获得庞大的利润。”他们说得对，在证券市场上投机，就必须这么做，所以虔诚的犹太人早就有这种想法:“如果是块猪肉，就得是块滴着油的猪肉。”

可惜大部分的投机者都有个坏习惯，当他们的股票上涨了一点点，就到处吹嘘，得到利润就大肆宣扬，有了损失就沉默不语。他们预言所有的行情并一再重复:“我早就跟你说过了嘛！”他们总是买在最低点，卖在最高价，认为自己是天才，但我认为他们在说谎。

很多的经纪人也同样是吹牛大王，他们大手大脚地过日子，花费甚巨，为的就是向全世界证明:看，我多么有成就啊！

最后，我们可以像刚开始所提到的，把所有的交易所动物简单分成两种基本类型:

以放高利贷自居的悲观主义者，吝啬、患有胃病、心情不好的人，他们是天生的放空投机者。

乐观主义者，胆大的人、冒险家、浪费者，以及轻率的浪漫主义者，只看到树长在天上（他们输得起钱），他们是买进投机者。

独立思想家

买进和放空投机者，熊和牛，两者皆是投机取巧者。但这样的称号并不庄重，他们获得利润，也可能破产，都和交易所息息相关。他们从事冒险行业，同时自身也承担着巨大的风险。

投机者真的不是一般平民的职业，应该说这是一个天职，投机者有他经济上的职权，而且是处于自由资金系统之中，即使他并没有对国民生产总值做出贡献。他无论在何处都介于投资者和交易所玩家之间，而且似乎是两者的混合体；投机者是必要的、机动的金钱推手，总是在周期性的股价或行情波动时做适宜的投资。

这是多么重要的人物啊！他们是天生的投机者，如同天生的哲学家一样，但只不过是个小哲学家。投机者比其他人多的是点子、突如其来的念头及远见，他不断权衡他所面对的事情的利和弊以归纳出结论，要买或是卖。如果他的估计正确，他就（从交易所）得到报酬；如果估计错误，他就得付（交易所）罚款。这是投机事业的本质。

投机者比其他人多的是点子、突如其来的念头及远见，他不断权衡他所面对的事情的利和弊以归纳出结论，要买或是卖。

我对“远见”的理解是，这是一个特殊的、有独特见解的想法，虽然刚开始看起来似乎不足为信，无法引起大众交易的兴趣，但是到后来却变得千真万确。

投机者需要经验的累积，以便不断回忆起类似的情况，伟大的发明家爱迪生创造了这句话：“每个发明都是由10%的灵感和90%的汗水组成的。”转到证券交易上便是：90%的成功需要由“流汗”得来的经验。投机者几乎是毫无自觉地加、减和乘。就像作家之于小说，作曲家之于主旋律，投机者靠的是他的想法来行事。在找到主旋律后，再给予大致的形式，调和音调并编成乐曲，就如指挥家引导出整首交响乐，银行家则是在交易所进行顾客的交易。

投机者几乎是毫无自觉地加、减和乘。就像作家之于小说，作曲家之于主旋律，投机者靠的是他的想法来行事。

投机者对其业务必须知道什么呢？法国政治家和作家艾瑞欧特（Edouard Herriot）曾经说过：“文化是当人们已经遗忘一切时唯一保存下来的东西。”证券交易也是如此，是一个人渐渐忘记一些细节、资产负债表、红利、年报以及统计后所留下来的东西。匈牙利的谚语说道：“一个好的教士会一直学习，直到生命的最后一天。”

投机者不是一本百科全书，但他必须在关键时刻观察出关联性并做出适当的处理。他不必知道太多，但要通盘了解。简单来说，他必须是个思想家。

这是多么舒适的工作啊！没有职员、没有老板，不用勉强露出友善的微笑，不用来来回回处理事务，更不必像银行家或经纪人那样应付身边那些容易紧张的顾客。一个可以自由掌控自己时间的贵族，被自己香烟的烟雾所围绕，舒服地坐在沙发上思考，远离那些唯利是图者的喧嚣。他的工具是：电话、收音机和报纸。

投机者的发展过程没有什么值得大惊小怪的，就像一个无知的少女，有时也表现出人性的弱点：刚开始是一个好奇的人，然后玩乐，甚至热衷，最后是贪财。很庆幸，我只到了第二个步骤。证券交易仍然是我最爱好的事物。

第10章

股市及政治

人们常问一个问题，
政治和股市，谁影响谁？
归根结底，这是个鸡与蛋的问题。

10

投资人不应该受自己政治观点的影响。经验告诉我们，很多股票族因僵化顽固的政治立场而失去大好机会。

全世界的大部分股市专家从一开始就不受干扰，不会对政治信念有过高的评价，他们对所有事件的观点都基于自身在股票市场的投资上。我的一位朋友就是典型的例子。政府的每一个新决策、每一条新法规，只要是对他的投资不利，他就马上称之为愚蠢且不道德："政府是最严重的罪犯。"反之，若是法规正合他的意，就是明智并符合道德规范的。

有时我被问及投资人是否要有道德上的考虑，我认为这要看情况而定，要看是基于人道立场还是和立法上的道德有关。基于人道立场，我认为在某些重要原料如棉花或是粮食方面做投资是绝对不道德的，因为这些股票和民众相关的利益有冲突。

先有钱，才有音乐

我要自我评价我的钱与音乐。

二次大战末期，我将全副精力放在投资一些贬值的国家或地方公债上，我坚信经过一场混乱之后，一切都会恢复正常。在这些债务团体中，有些很快地就履行了偿还的义务，有一些则经过长期逼迫才不得不还清债务。在这些贬值的债券中包括法国政府债券，长期以来我就对它有所打算。在没有任何法律根据的情况下，法国政府不愿意偿还这笔公债，只愿意付清那些还在原始认购者名下的债券。法国政府想要阻止以低价收购这些债券的股票族以投机买卖而获得利润。这个立场虽然可以说符合一般道德，却与股市道德有所冲突。

股市认为，收购这些价格跌到谷底的票证是一件好事。要怎么惩罚那些以低价收购票证，却对未来价格走势有正确判断的投资人呢？这里就有个例子。

我买了几公斤不值钱的债券，同时也订下计划，这次的投资不是为了我的腰包，而是为了美妙的音乐。我要求法国政府付全额的票面价格，但为了要证明我不是个唯利是图的投资人，我要把所有利润转变为我的理想：成立促进法国音乐发展的基金会。

股市的走势取决于卖家想把手中的股票脱手的心情是否比买家想要买入股票的心情更加迫切。

当我以大大小于票面价的价格收购这些债券时，总额已经足够为音乐做些有用的事了。同时，我的名字也能镂刻在某个金牌上。或者我也能用这笔基金的利息捐个“科斯托拉尼奖”。想到约100年后，每年都有作品得到科斯托拉尼奖的表扬，这会是多么崇高的感受啊！

我制订了详尽的计划，听取那些欣赏这个计划的专家和其他人的建议。我开始梦想成立我的基金会。是啊，人人都可成为股票族，但不是每个人都可成为音乐家。在命运不让我成为音乐家时，至少在音乐史中我可以赞助者留名，多么完美的计划啊！但是股市又一次与我的计划背道而驰。

我在财政局的办公室阐明基金会计划时，同一幢建筑物里一些负责的先生们正在谈论信誉、债务人的承诺等等。突然他们做了个出人意料的决定，法国政府将全额偿还所有债券，不论持有对象是原始认购者或是新持有人。我这几公斤的债券将以全额面值偿还，只要到柜台办理就行了。这下就像要我狠心地从自己的口袋捐出一大笔钱一样。我虽然热爱音乐，但我更是个干练的投资人，而且终究不是天使，于是音乐基金会只剩下3个音符：Do、Re、Mi。

政治VS股市

股市和外汇市场在一边，政治和经济在另一边，像是相对的两个半球，而且是很明显的。这两个领域有各式各样的依存关系，就好像在一个系统内存有沟通管道一般。人们常问哪一边会影响哪一边：是政治和经济影响股市气氛，还是金融市场的心理状态影响了社会？

归根结底这是个鸡与蛋的问题，当然国家政治对股市有极大的影响，利率和税务政策都由政府决定。政治风向（向左或向右）影响了投资人心理及企业的未来，国际局势也对股市有强烈影响。世界的形势（紧张或平稳）影响了大众的心理，国际关系的发展左右了整个行业发展、国家的国际收支差额还有国际商约等等。伊拉克危机就是一例。

但是，如同我说过的，股票族会根据他们对事件的心理态度而在多头市场或空头市场上进行投资。我听过一个小故事，正好可以解释股市和政治间的复杂关系。

有个股市老手和几个客户在一起闲聊，有人提出了一个问题："我一直想知道，到底多头市场和空头市场是怎么形成的？"

这位资深股票族开始解释："我举个例子，几十年前，有一天报纸报道，一位年轻英俊的苏格兰王子和一位迷人的西班牙公主订下婚约。全世界都对这对可人儿着迷，随后打探更多有关他们的消息，也密切关注他们的罗曼史的发展。这件事在大众间引发正面的气氛，也全面地感染了欧洲股市。股价行情持续上扬，许多投资人变得富有，有些人得到财富，人们购屋、置产、投资，经济一片繁荣。如此就有了多头市场。"

所有在场的人都点头赞同，他们记起这段父母曾说过的黄金时光。这个股市老手继续说故事："但是有一天，双方贵族家中传出了令人意想不到的坏消息，婚约破裂，王子和公主因吵架而分开了。这个令人震惊的消息引起了股市最大的危机，行情跌入无底洞，财产消失，有人自杀。这是空头市场。"

一阵震惊后的沉默，先前提出这个令人深思的问题的人终于打破沉寂说："贵族的婚约和股市又有什么关系？"股市老手答道："奇怪了，当我解释多头市场时，你怎么没问我这个问题呢？"

我曾说过：世界上最大的投资是以实价买个政治人物，再以他自认的价格卖出。因为许多政治人物及负责国家经济及财政决策的人常常自视过高，所以他们不明白自己所发表的言论对大众有何影响。如同伏尔泰曾说："伏尔泰是很有力量的，但是群众更具有力量。"

此外，政治人物常常无法理解国际间投资人的计谋，他们不了解投资人的想法及影响力，却敢以未经深思的解释和语意混淆的定义来鼓动投资人。

只要任何一个当局负责人传出轻率的字眼，就会有上千个大户或小户买入或卖出，不经考虑，常常还不合逻辑。过去几年内这种投资交易越来越多，而且势头猛烈，对经济造成巨大伤害，甚至对大众媒体也产生了极大的作用。

有一个经典的例子：1977 年夏天，美国财政部长布鲁门塔和德国总理施密特同时宣称，不会对因经济因素而贬值的美圆进行任何干预。但如此的表示却已对美圆造成影响，而且是造成美圆继续贬值，即使这在经济方面毫无根据。

政治人物应该要认识到投资的机制及投资人的心理，可是他们满足于用陈腔滥调来解释行情及价格的变动，却不去探讨真正的原因。

这项解释是经过正确考虑的，因为不进行干预正是汇率政策的原则，然而强调此事却是不必要的。

从高层发出的这种暗示就如同对投资人的邀请，从而产生了其他连锁反应。伤害已然造成，连当时在位的经济部长兰多夫也发表了一个做作、卖弄聪明的声明：他担心石油和美圆很快就会一样价值 1.5 马克啦。

这有什么好处？这些声明还油墨未干，所有投资人就开始操作美圆买卖，或是使美圆贬值。政治人物应该要认识到投资的机制及投资人的心理，可是他们满足于用陈腔滥调来解释行情及价格的变动，却不去探讨真正的原因。如此一来，不论是对于原料还是货币市场，都无法防止混乱的发生。

事实上，政治人物应当比投资人更早采取行动，起码讲话要谨慎。在所有股市及市场上，这是众所周知的道理。当投资人对一种货品、货币，或是有价证券行情持有或高或低的预期时，或是经过大众媒体说服后，投资人会大量买进或卖出，直到行情达到期待的价格为止。在这个疯狂行动中没有人会多加思考，因为没有人能从大众心理脱离出来。这些买进某种货物的玩家不只预见了事件的发展，还预见人们会向他们抢购这些货物。

根据凯恩斯的理论，这是预期的累积，称为预期平方，而行情波动背离逻辑和经济事实的结果就是崩溃。

那么这些在位者究竟该采取什么样的措施以防止愚蠢或是坏心眼的投资人所带来的灾害呢？有许多方法和可能。过去匈牙利人说，最好的警察出身于贼。因此政治人物、财政部长或是央行总裁身边应该有当过投资人的顾问。

红色脚踏车

成功的投资人必须是思维敏锐的政治分析家和训练有素的大众心理学家，因为他同时要解开两个谜题：政治事件及储蓄者对政治事件的反应。针对某些事件，人们也许可以估量出逻辑性的发展，但却很难掌握储蓄者的反应。如同我曾说过的：战争爆发时，我们常常会经历行情一飞冲天的情况，也常见到同样的消息使股价跌入谷底。“打雷时买枪炮，有音乐时卖小提琴。”这种古老的股市智能已不再实用，因为大家都知道的事就不是股市智能了。

当我还只是个孩童时就已经体会到，投资不可以跟在新闻后面跑。

事情是这样的：1914 年夏天刚开始时的火药味引发了实在的投资热，人们投资于在危险状况下可能无法输入匈牙利的货品上，因此外国产品的行情上扬。人们的投资包括香草、丁香等等，尤其是酒椰叶，因为对匈牙利酿酒业而言，酒椰叶是不可或缺的。

我哥哥当时在一家大银行当见习生，这家银行专门从事原料投资，他因此得到酒椰叶的相关消息。通过跟一些朋友合伙和借贷，我哥哥向银行买了一些合同。当时，价格已因投资热潮而高涨了。

一开始，幸运之神似乎还眷顾酒椰叶。战争爆发，酒椰叶的价格就像火箭般冲向高点。然而很快地，奥地利和匈牙利的联合军队闪电般推进到塞尔维亚内部，同时德军也击溃了俄军。这两个由前线传来的胜利消息使人们期待和平将至，一切将会恢复平静。

酒椰叶的行情开始下滑，而我哥哥已经负债沉重，银行一直在催款，可惜大家的钱包都是空的。

我哥哥的脸拉长的时间越来越长，而且一天比一天严重。行情上升一点会让他松一口气，行情下跌三点会让他跌入绝望之中。我们大家都和他一起经历了这种不断的跌宕起伏。来自前线的消息对我们很重要，同样重要的是这些消息对酒椰叶行情的作用。在哥哥得知父亲对他的求救声充耳不闻时，他恐惧得发抖，连母亲的劝说也没能使父亲动摇。当哥哥因银行的催款而惊慌失措甚至起了自杀的念头时，可怕的阴影笼罩了全家。

最后父亲终于意识到事情的紧迫性，他得知哥哥将此事看得很严重而且视为攸关名誉时，便同意给哥哥这笔巨款。从此以后，酒椰叶在我们家是个禁忌的话题。没有任何一件悲剧不会侵犯到家庭名誉，而我，则得不到期盼已久的红色脚踏车。

严重的投资危机刚过没多久，就传来同盟国军队在马内及其他前线挫败的消息，胜利的希望因此破灭，战争无望地持续下去。酒椰叶的行情再度攀升，但这一切为时已晚。

故事结束了，我的父母亲和哥哥早已过逝，当时的酒椰叶投资对现在的我而言微不足道，但直到今天，我仍然深刻感受到当时的恐惧。

从狂热中退场

我们已见识到政治事件如何决定股市的兴衰。反过来，股市发展也影响了经济、政治及社会。在股市狂热情绪过度高涨的时刻尤其显著。

此时人们在社区的晚宴、鸡尾酒会、议会的走廊上到处谈论股市，交流彼此对股票的分析意见，就是这个时候，当所有人都在谈股市时，你就必须退出。

有个很好的例子，1961 到 1962 年的冬天，纽约华尔街有如嘉年华会般，股票族的生活幸福美满。当时的美国股市热潮达到顶点，人们不需理解什么就可以把腰包填满，只要今天买进、明天卖出，或是明天买进、后天卖出。要是刚好抓到新的热门证券发行的机会，就是命中靶心般的走运，新发行证券在上午还只是 10 美圆，到下午就价值 20 或 30 美圆啦。人们只要认识经理人的太太的美发师，就能成为新发行证券的幸运持有者。

华尔街所有的经纪人都全力以赴，大约有 30 万名营业员全力以赴地工作着，上班时几乎离不开电话，因为任何一个电话都可能有五百到上千个新发行股票卖出。当然所有新发行的股票都是热门的，甚至热到能使顾客烫伤手指。营业员的人数似乎都不够，因此他们在媒体和报章杂志上寻找更多的伙伴。证券交易量逐日上升，每天都创出新纪录。股票经纪公司日以继夜地工作，他们开发新顾客的渴望似乎永远得不到满足。

这幅景象令我回想起 1929 年时的夸张气氛，这种气氛是必要的，因为只有在如此的狂热中，才能把一切卖给大众，不管是什么空中楼阁企业还是什么月球房地产股票。繁荣景气最终在 1962 年的危机中结束了。

心理学和宣传在繁荣时期扮演重要的角色。几年前的德国也有过新发行证券热门的事件。一家休闲产业的公司首次公开发行，为了卖出新的股票发动了大规模的宣传，还有 10 分有名的公众人物加入宣传行列。大众预期这个股票的价格将会上涨数倍，于是乎市井小民跑遍一家又一家的银行，只为了在这儿买 10 张、在那儿再买 10 张，起码可以买到一小部分，当时这只股票的发行面额约为 370 元。

当最后一个悲观者也变成了乐观者时，市场也就走到“牛市”的尽头了。当最后一个乐观者也变成了悲观者时，市场也就走到“熊市”的尽头了。

后来这只股票以面额 500 元上市，然而以这个价格还买不到股票。当行情超过 1 000 元时，大量的股票（绝大多数来自英国）涌入市场。突然间人们可以随意认购这只股票，爱买多少都行。而德国人民也全买了，从前没买到的，现在都打算要多买些放着，全都是心理因素使然。事实上银行早就知道，这家公司已经亏损，然而银行还是引导民众继续认购。银行的用意当然是要出清库存。所以我在演讲中一再重复说明，在任何情况下都绝对不要跟随银行的暗示进行买卖。就像我常去的餐馆，如果老板推荐我点“时令牛肉”，我就知道他在厨房里还有几份“存货”要解决掉，所以我当然就不点这道菜了。

气球总有涨破的时候，现在这家公司的股票价格只不过是 300 元。

之后有一次，我有机会当着这家发行银行总裁的面，毫不客气地引用华格纳歌剧《纽伦堡的名歌手》里的一句话：“你们这些幼稚、装老实的人是最恶劣的淘气鬼！”

第11章 傻瓜的价值

投机者利用别人的愚蠢所获得的利益，
往往比靠自己的智慧得来的多，
人们可以从别人的愚蠢之处汲取教训。

11

约翰尼斯（Johannes）侯爵一直是我最想见的人。私底下的他，完全不同于在公开场合中所给人的花花公子形象，其实他是一位非常聪明、博学、相当健谈的人，谈话内容深不可测，有时甚至语带讥讽。有一次，他提出建议，想与我共同撰写一本关于愚蠢人性的书。

艾伯特·哈恩（Albert Hahn）教授，一位如同父亲般威严的朋友，他时常提醒我："你不能低估人类的愚蠢。"

上天保佑！幸好在股市中有无数的傻瓜，如果没有这些傻瓜，股市不知会变成什么样。我喜欢到证券交易所去，是因为世界上没有任何一个地方可以让我在这么狭小的空间里遇到这么多的人，而且他们随时都精神紧张。任何一位成功使平均指数从100点上升到110点的人都大可以以天才自居，此外，他也能料想到自己会有一笔丰厚的奖金。至于那些失败的可怜人，就不知道要挨多少耳光，忍受多少折磨了。

对他们来说，多听、多了解是很重要的，就好比他们时常关心与分析全世界的经济事件一样，也如同一位优秀的纸牌玩家必须熟悉玩伴的思路。投机者从别人的愚蠢中所获得的利益往往比靠自己的智慧得来的多，人们可以从别人的愚蠢中学习，尤其是如何不重蹈覆辙。

你们都是傻瓜

卡尔·法卡斯（Karl Farkas），一位维也纳小型表演场的著名节目主持人，有一天晚上在舞台上大声向观众咆哮，他严肃地大叫："你们都是傻瓜。"没想到观众却哄堂大笑。我希望有一天也能在自己的证券交易大厅里如此说，不过，观众一定不会笑，因为我的同僚大多是自视甚高、自以为聪明的家伙。

股市投机者总是认为，尽管同事在别的地方不见得聪明，但他们往往可以获得比自己更多的消息和信息。对这种心态，我想以发生在二次世界大战之后的一则故事来加以说明。

由于缺乏外汇，当时法国对于外国货币有非常严格的规定，所有的法国人都必须在国家的监督下，通过银行进行国外有价证券买卖的相关事宜。

另一方面，政府对输入国外有价证券也有一套非常严格的配额限制，人们无法向巴黎引进国外的有价证券，除非他们输出其他同等金额的有价证券来获得相同价值的外汇。

当时，法国石油股是极具收藏价值的证券，尤其是荷兰皇家（Royal Dutch）壳牌石油的股票。为了引进荷兰皇家股票，输出其他同等数额的外国有价证券是必要的。

这时，没有任何价值的日本债券突然被股票玩家注意到，事实上，法国和日本之间毫无关系。日本债券，这个不被人注意的名词即使在日本国内也只有少数人知道，更别提在国外了，知道的人是少之又少。

但是突然间，日本债券出现在瑞士，无数吃惊的观察家亲眼目睹日本债券如何不断充斥市场的过程，不过就是没有人知道原因何在。

瑞士人是买家的谣言一直不断地在巴黎市场上流传着。事实上，是法国银行不断以国际套汇的方式拼命购买日本债券，消息灵通人士也了解到，这是为了在瑞士再卖出股票的手段之一。

另一方面，瑞士也流传着巴黎人是买家的谣言。实际上，不断买进的是瑞士套汇银行，而知道内情的人士也很清楚，这是为了在巴黎再卖出股票的伎俩。

巴黎的人们不断窃窃私语，瑞士人知道一个可能与日本有关的计划；而瑞士人也认为，法国人有关于与日本协商的有利消息。尽管事情尚在酝酿之中，但是所有人却仿佛都有了共识一般。

一些门外汉、小额交易者当然不甘心于平静，想尽办法要刺探情报，而且密切注意事态的变化。由于消息不断被炒热，于是行情便逐渐上升，直到超越理性的界线。

位于远东的日本呢？一点动静也没有，根本没有任何所谓的整合动作。事实是什么？而秘密又是什么？事实是，当法国市场想设法得到荷兰皇家的股票时，套汇者便抢先在瑞士股市购买股票，以便之后能在巴黎卖出获利。这是一种完全合法的运作，人们可以用外汇来支付，这些钱来自于卖出一项国外债券，也就是从巴黎出口至瑞士的外国债券。

所以大家必须找到一项标的，既可以在巴黎买到，又可以在没有损失的情况下在瑞士卖掉。“日本债券”因此脱颖而出。人们可以在法国买到任何数量的日本债券，并且公开地在瑞士卖掉。

为什么？很简单，因为其他的套汇者在瑞士买日本债券，然后将之寄到法国，在法国股市贩卖；他们以等值的法国法郎在瑞士市场购买外汇，为的就是支付在瑞士买的证券。因此，这些相同的股票便可以不断地在法国与瑞士间往返。庞大的套汇银行把这些“日本债券”

从巴黎寄往苏黎世，然后黑市的套汇者再把数量完全相同的股票寄回巴黎。按照逻辑推论，如果双方一直照此进行，一点也不会影响行情，因为在天平的两端，一直有数量相同的股票随时供应买卖。

不过，当有些人看出在大宗交易里潜藏着利润时，便开始破坏这个均衡，一边秤盘放入 1 磅，另一边只放入几克，股票便如失衡的天平般开始倾斜。

这种情形一直持续下去，直到有一天，一则与日本共同协商的规定被提出来，这项新的股票规定让所有人几乎都无利可图，因此行情大跌 50%。

有些人一直以为同事知道的比自己还多，这则故事可以说是最好的一课，或许是吧，人们总是幻想着邻居的草坪比自家的更绿。

博学的笨蛋

为什么有这么多年轻人念经济学，尤其是在德国？答案很简单，他们需要在名片上冠上经济学学士的头衔。大公司及银行特别喜欢聘用经济学学士，因为顶着经济学学士的光环仿佛就可以证明他们不是文盲。

在所有文凭中，经济学文凭是最容易到手的，特别是与工程科学相比较，更显得简单，人们只需要熟记几本书即可，根本不用动太多脑筋、花太多心思，就可以轻易栽培出许许多多的经济学学士。对此，我深感同情，因为他们必须浪费 4 年的宝贵时间。此外，我也声称经济学是一种假经济，他们所学的根本无法适应时代的变迁。

我不是唯一支持这个论点的人，巴黎股市第二大经纪公司（大约有

400 名员工）征选员工，只要是有经济学学位的人来应征，便立即叫他们靠边站，理由是：他们只是一些戴着眼罩生活却不会全面思考，而且自以为是的人。

有一次我和交易所的一位同事聊天，他自以为聪明，聊过两句后，我便发现他是念经济学的。然而他并没有察觉自己的论点及分析简直狭隘得像是被束缚在紧身胸衣里的妇人。唉！想不到这些东西他竟然要念 4 年或 5 年？

这令我想起爱因斯坦（Einstein），有次在回答有关相对论的问题时，他提到："有一位年轻小姐坐在我的怀中一个半小时，感觉上好像只过了 5 分钟而已；如果我必须坐在高温的火炉前 5 分钟，那就像有一个半小时之久。"对此，他身旁的一位听众低声说道："因为这样他就得到诺贝尔奖吗？"

阿尔·史密斯（Al Smith）的坦白往往是坦率且深具内涵的。他是纽约政府的最高首长，一位非常受欢迎的美国政治人物，差一点就成为美国总统。在一次民众集会中，有人大声问他："嗨，市长先生，您毕业于哪一所大学呢？""我吗？纽约市的鱼市场！"艾伯特·哈恩也一样，他是经济学教授，留下了大约 4 000 万的财产，他简短但诚实地写下他的股市投机活动："我根本不在意自己当教授时说过的那些蠢话。"

莫里哀曾经写道："一个博学的蠢蛋比一个无知者蠢两倍。"

我给所有念经济学并有意投入股市的年轻人一个建议：马上忘记大学中所学的，否则这对于未来的工作将是一种负担。

愚蠢的故事

70 年代，我第一次进行大规模的抗争，以对抗 IOS 诈骗集团，这个集团以一年 15%的获利保证来迷惑大众，但我感受到各方的强烈阻力，当然也有来自资本杂志编辑部主管的压力。许多人告诉我，我当时针对基金狂热者所提出的警告，德国读者一定不想看；人们想看的是能够致富的诀窍，而不是阴暗、负面的预言，预告人们可能损失所有的钱。

不过，在接下来的一个月，我的想法便得到证实。IOS 这个骗子是如何结束的，今天这已经是财经史上的一段著名历史。当时和我对抗的 IOS 代表甚至寄恐吓信给我，说我败坏了他们的企业形象，今天他却告诉我："科斯托拉尼先生，您的画像还一直放在我的书桌旁边。"

当时我差点被邀请成为 IOS 的一员。亨利·布尔三世（Henry Buhl）身居投资组合管理的领导地位，他四处打听、找寻股票经理人。我的朋友加斯顿·科布伦茨（Gaston Coblenz），《纽约前锋论坛报》（*New York Herald Tribune*）在欧洲的特派员，告诉亨利他认识一个非常老练的股市专家，于是亨利·布尔便想尽办法，非要认识我不可。一开始我故作谦虚地客套了一番，因为我知道这一套对 IOS 来说是很重要的。基于好奇，我接受了他的邀请，约定在餐厅见面。

见面后尽管我对他的做法提出批评，但亨利·布尔还是对我留下了深刻的印象，提出请求要我加入 IOS，并以 1000 万元作为待遇。但我对谈话内容感到厌烦，所以并没有到 IOS 工作，取而代之的是，写文章来对抗这个骗人的企业。

可惜我揭穿他们的举动开始得太晚，好几年来，各新闻媒体把投资基金描写得多姿多彩。我深信，把基金成立人伯纳德·科恩费尔(Bernard Cornfeld)跟经纪人五光十色的生活巨细无遗并添油加醋地大肆报道，这有助于宣传。每日新闻对海外基金产业都做了详细且中立的报道，但是他们并没有掌握到基金的根本。当我们回想起那些基金贩卖者小贩似的叫卖承诺，并且把它跟“成果”比较一下时，便不难产生疑问：德国当局怎么会对这种欺骗行为袖手旁观那么久？为什么海外基金可以在德国得到如此惊人的成功，而且他们的广告还是免费的。

我们发现一个新的诡计，因为海外基金属于投资基金，是在别的国家登记注册的，所以完全没办法通过立法或其他监督机构来约束管理，也就是说他们的头头几乎是不用负法律责任的。

难道这个基金机构是神灯精灵吗？当然不是，整个基金魔术是在一个幸运的情况下不费力气地得来的。我相信，科恩费尔德本人并不是个骗子，他只不过是没有经验，没受过教育，识字不多，也根本不晓得股市到底是怎么一回事，对股市的历史一点概念也没有，但是他相信火药是自己发明的。他亦不知道，在17世纪的时候，股市投机在阿姆斯特丹已经蔚然成风，就跟今天的华尔街一样。因为行情指数有几年不断地上涨，于是科恩费尔德提出一个论点，股票每年都能获利15%，而大家也都相信他这个可怕的谬论。

跟他一起共事的人都把他当成天使看待，而他奢华的私生活又为他增添了几分光彩，每个人都想成为第二个科恩费尔德。有人想，既然科恩费尔德先生可以利用他的基金得到财富，那么他们也可以。但是他们没有想到，科恩费尔德能过上这样豪华的生活都是他们出的钱。

我承认，我曾经对“伟大的”科恩费尔德有过些妒嫉，那时在巴黎一个古董展览会上，我沉迷在那些美丽的作品中时，突然闪出一个念头：科恩费尔德可以把展示的东西全部买下来，就算他一件也不认识，再高的价钱对他也是不痛不痒的事。于是这个妒嫉的念头便开始啃噬我。这时突然响起了一阵音乐，那是我很喜欢的布拉姆斯交响曲，我这才稍稍得到安慰。我有这个，我对自己说，这个他一定没有。

科恩费尔德那出乎意料的成功是由一笔储蓄资本突然暴增的差额得来的，这笔资本是从哪里来的呢？因为德国民众自 1930 年以后就被排除在国际资本潮流之外，所以民众的投资管道有限。难怪当“投资顾问”来敲门时，他们会喜不自胜地受到欢迎。除了德国，其他文明国家都不会让这种胡作非为的行径如此嚣张。也正因为如此，那些海外投资跟不动产基金才有办法把德国人抢个一干二净。他们身上都带着这个牌子——“Made for Germany”。

恶意的骗局

我相信，一直到今天，那些基金经纪人还是在四处卖弄一些危险甚至没有价值的股票。他们的手法是这样的：他们几乎没买几张股票，小赚一些后就将其脱手，然后跳到另一只股票上，用这些获利来吸引那些后续想买基金的人。但是当这些经纪人手上很不幸地抓了一把烂股票时，他们就会一直陷于亏损之中，什么都赚不到。

德国的投资人一开始并不知道，有人把他们辛苦存起来的每一分钱毫无顾忌且不负责任地恣意挥霍掉了。

而每年获利 15%的保证更是一种假象，因为基金经纪人的平均年龄是 25 岁，对于股市的险恶环境一点概念也没有。基金经纪人只有一个经验，就是如何把基金推销给容易上当的买主。只要能掌握这个，何必长年累积有关经济政策、金钱还有资金市场的知识呢。最赚钱的永远都是用别人的钱！

投资基金需要 3 个条件才行得通：诚信、责任感与经验。诚信不用多说。**至于说到责任感部分，我就可以毫不犹豫地加以批评。**他们游说一些小市民，这些人从来不知道股市与投机是什么，基金经纪人却向他们宣称，每年可以从股市里赚到 15%的利润，这样的推销简直就和犯法没有什么两样。我们可以从股市里赚到一些，赚到很多，甚至一夜暴富。我们也可能赔钱，赔上很多，甚至变得一贫如洗。但是我们绝不可能肯定地说，在股市上投资每年都会有多少固定比例的收入。

成为一个好的投资者和投机者，需要具备资金、想法、耐心和运气四个因素。

事实上，那些卖基金的人都是狡猾且受过训练的。那些基金经纪人对每年 15%的收入深信不疑，并且想用这套办法在股市里骗吃骗喝，但这只能证明他们没有实质经验。正因为缺乏经验，所以他们也就缺乏责任感。他们根本无法察觉股市里有多少陷阱正等着他们。

基金经纪人把他们的失败归咎于股市，因此当股市行情下跌时，他们根本不必负责，这根本就是不对的。1972 年 1 月的道琼斯指数开盘时并没有比其历史最高点低多少，那时候基金经纪人就用小市民们所存下来的钱以最高价钱买下。本来一点损失也没有，所有人甚至可以分到一些利润。但是他们用高价买到的却是一堆贬值的有价证券，甚至是伪造的。此外，对于诱导小市民们到这个野蛮的股票投机市场里来，他们也必须完全负责。不管小市民们之前是否有固定存款或抵押债券，虽然收入微薄，他们的生活却是固定有保障的。我收到上百封小型投资者的来信，他们向我哭诉，因为基金的关系，他们的经济都陷入了悲惨的境地。

我从基金魔术里看出了哪些教训呢？以下的建议献给每个人，甚至是有足够资金的小资本家：请继续留在有价证券上面吧！找个有丰富经验的专业人士帮你挑选，这将是个很好的投资方向。至于资本不足但又做多种投资的投资者，我的建议是：直接投资基金吧！但必须是由欧洲有关当局控管的基金。

至于科恩费尔德和他的伙伴呢？他们现在还是过着奢华的生活，而科恩费尔德更是偶尔在好莱坞的访问里吹嘘，他个人的资产估计在 4000 到 5000 万美圆之间。对于小市民们的损失，他也只是避而不答。这个基金龙头的厚颜无耻与小市民们的愚蠢无知所导致的后果真的是不能低估。

第12章 我的客户们

对一家竟然能够被我吓唬的企业，
我宁可做它的顾客，
而不是合伙人。

12

有时我会以亲身体验来决定股市交易的策略。

1960 年我陪同报界总裁艾森豪威尔（Eisenhower）前往东方国家旅行，途中我因为感染流行性感冒多在新德里待了几天，因此比当初预计返回纽约的时间晚了些。回到纽约家中，邮件已堆积如山。在这成千的信件中，我赫然发现一张电话公司寄来的账单，通知我两个月前还有 8.31 元未付，因此我的电话被停机了，这对一个股市投机者来说，真是个大灾难。

我不假思索立即往最近的电话亭狂奔而去，为的就是要打电话给有关单位。电话一接通，我便立即致上歉意，并解释我已经把支票寄出，请立即恢复通话。拜计算机快速作业所赐，几分钟内接线者已将我的相关档案拿在手里，令我极度震惊的是，我听到对方说："别急！科斯托拉尼先生，您要付的不只这些，一个不准时付款的人在我们公司等于已失去信用，为避免类似情况再度发生，若想要恢复通话，您必须另外缴纳 200 元的保证金，此外，您必须再多等 14 天。"由于延迟返家已令我异常紧张，现在又面临这个新情况，我真是快崩溃了，而且我觉得这一切是对我个人的侮辱。此外，对一个股市投机客而言，少了电话还能有什么作为？ 14 天对我来说，将宛如永恒般长久。

当下我立即决定要打赢人生中的这一场大战役，我将剑（也就是我的舌头）磨利，并以激烈的口吻反驳："您竟然如此歧视用户，只因为晚一点付那微不足道的 8.31 元的账单，而且在没有经过确切审查的情况下，便对一位旧客户的信用枉下结论，您要像对待小孩般打我的手指头来要求我守规矩吗？"

"这是我们的规定。"电话另一头传来严厉的回答。

"好。"我以讽刺口吻反驳道，"我会把 200 元寄给你们，但为何要求的不是 500 元呢？既然我必须要付这笔钱。除此我还能怎样？谁叫你们是庞大的垄断企业，而我只是一个普通且渺小的消费者呢，如果现在还有别的电话公司，我会立即告诉你，'见你的大头鬼吧！我找另一家电话公司去'。不过我会问问我的参议员及国会议员朋友们，他们对此有何看法。"

先前坚决的语气突然转为柔和："且慢！且慢！科斯托拉尼先生，请您千万别把此事看得这么严重，我们会马上进行复查。"一分钟后我听到："亲爱的先生，请相信我们会尽全力使您满意，明天一早我们会派技工到您府上恢复通话，而且您不需要再缴任何保证金。如果将来您因事情耽搁而无法如期缴费，我们只请求您能事先通知我们，以便延后缴费。"

> 对一家竟然能够被我吓唬的企业，我宁可做它的顾客，而不是合伙人。

隔天早上 7 点技工便到了我家，重新接好电话线路。8 点钟，我便接到电话公司的电话，询问一切是否就绪，而且我可以确定在接下来的几年内我能享有电话公司的优惠。

如同一般居住在美国而且有闲钱的人一样，我也一直持有 AT&T(美国电话电报公司）的股票，不过经过这次事件后我便不再持有了。因为对一家我竟然能够吓唬的企业，我宁可做它的顾客而不是合伙人。

和大企业交手

这是美国的情形，但我与德国大企业的交手经验就不同了，确切地说就是德国少了一份特别的恭维，因为一间越大、越有声誉的企业往往越会显出吝啬且吹毛求疵的一面。

西门子便是一例。有一次西门子的公关部门请我为一份新的目录写序言，并且规定我得在14天内交稿，根据约定，我可以获得5000马克的酬劳。我准时完成所托，于是相关主管打电话给我："我们对此十分满意，而支票会以月结方式寄到你手上。"

但是大约一个星期后，我又接到另一个电话："我们想把你的照片放入目录中，让股市交易投资人联想到那就是他们从电视、广播电台及其他媒体上认识的你。"我回答："拜托，你们可以打电话给《资本》杂志，那里有数百张照片，你们可以选到你们想要的。"结果西门子选的是一张刊登在另一本杂志上的照片，一直到现在我仍然搞不清楚，为什么他们会这般坚持。不过我还是回答："好吧！如果你们愿意，你们可以采用这张照片。"对方再度表示异议："不过摄影师索价500马克，这已超出我们的预算范围，所以希望这笔费用能从您的酬劳中扣除。"我立刻反驳："您在开玩笑吧？你们需要我的照片来达到广告宣传效果，却要扣掉我的酬劳来负担这笔费用？您是从哪里学来的谈话伎俩？我认为这是一个无理的要求。但无论如何，

一间越大、越有声誉的企业往往越会显出吝啬且吹毛求疵的一面。

这件事使我多了一个绝佳的主题，一个可以写来消遣的主题。”当然，当时我并没有将此事在媒体上曝光，不过事隔多年，我怎能不在我的书中提上一笔呢？

在我 70 岁生日那一天，我的朋友约翰尼斯·格罗斯（Johannes Gross）为我举办了一场盛大的庆祝餐会，大约有 40 名来宾是来自年营业额达数十亿的大公司的管理阶层。当时我的邻座之一恰巧是某大企业董事长俄特克尔博士（Dr. Oetker），为了打开话题，我便主动对他提起年轻时曾对“俄特克尔博士发酵粉”的宣传广告留有深刻的印象，当时它在匈牙利已经成为世纪初的畅销产品了。

几星期后我收到一封董事长非常亲切的来信。他在信中建议我写一篇关于我年轻时为社会默默付出的文章，而这篇文章会刊载在公司的杂志中；不过同时他也提醒，碍于经费，我的酬劳有限，希望我能体谅这一点。我则回了以下的内容给他：“因为我现在非常忙碌，所以目前无法确定何时才能回复您亲切的建议。由于您也表明了支付酬劳的困难，所以我已经预先替您准备了一个方案。我不要求现金，而想以实物作为报酬。我对发酵粉并不感兴趣，可是对您所拥有的世界级豪华餐馆还是很有兴趣的，您的艾登罗克餐馆（Eden-Roc）距我的别墅只有不到 10 分钟的距离，若您能同意让我在您的餐馆消费以作为酬劳的话，那就太好了。”我的建议很快便得到回复：“俄特克尔先生对您的建议非常满意，更何况他也一直想邀请您到艾登罗克享用午餐。”很明显的，他们并没有真正了解我这封信的涵义，而我认为，完全没有针对此事来回答，实在是很聪明的做法。

有一次，德意志银行乌佩塔尔（Wuppertal）分行的经理打电话给我，邀请我到他的分行进行演讲，当时我们并没有谈到酬劳问题，因为我觉得不用多说，德意志银行想必不会期待这是一场免费的演讲。由于我曾为其他大型德国信贷机构举行演讲，所以我认为乌佩塔尔分行一定会被知会相关信息。那天晚上我受到经理的隆重款待，而我以“金融本质与股市”为主题的演讲也在盛大的宣传下如期举行。

一个星期后我收到一张500马克的支票，当然那时的500马克价值是远远超过今日的，不过却不够支付一场有5位客人的晚宴。所以我请德意志银行按照我当时的酬劳行情，再补2500马克的差额，但是我也因此收到一个难忘的回答，不是来自那位经理，而是来自法律部门。因为我对德意志银行还有一定程度的尊敬，所以至今我未公布这封信。这一群法学家写这封信的目的，无非就是针对我所提出的要求表达他们的愤怒，他们觉得这是一种放肆的行径，他们认为我可以在德意志银行的听众面前做专题报告，而且正好可以利用这个机会为新书做宣传，就应该感到满足了。如果我不放弃原先的要求，他们将会向上级报告此事，以后大家就会知道我做了什么好事。

这封信不只是恣意妄为而已，更是一种敲诈。我实在不知道该对这种无理的行为作出何种反应，惊慌之余，我将这件事的经过告诉了一位交情甚笃的老朋友霍斯特·施米茨（Horst Schmitz），当时的《资本》杂志编辑。他听了以后非常气愤，决定向当时德意志银行机构发言人克里斯琴斯（Dr. Christians）报告此事。48小时后我便收到了一张总额如我先前所述的支票。

之后我还是继续为德意志银行做演讲，有一次在慕尼黑由彼得·冯·夸德（Peter von Quadt）主办的演讲甚至还是免费的。彼得·冯·夸德是我的忠实朋友，也是我的学生。我非常荣幸能向这些年轻学子传授股市经验，而我认为，他们一定也非常满意这次学习。

在一次专题讨论后，我遇到一位在前西德土地银行工作的年轻人，他问我是否有兴趣为房屋广告杂志写一则有关私有住宅的文章，这份杂志将分发给 130 万住户。我告诉他目前我写不出任何新东西，不过在一份经济杂志中有一篇几个月前出自我手笔的文章，完美且几近伤感，一直到现在我看了还会感动得流泪。我认为这篇文章很符合这次广告的要求，“您只要取得再版许可就可以了，我会同意的。”我对这位年轻人说。

几星期后前西德土地银行打电话告诉我，一切都已安排妥当，只希望我能稍稍修改一下文章以便更符合他们的要求。此外，他们也要我的照片，理所当然，我会得到一份酬劳。

对于一篇刊登于发行量上百万的杂志上的文章，事实证明这份酬劳只有区区 300 马克而已。我把支票寄回并附上一封信，信的内容为：“我已经没落到需要人们给我零用钱来搪塞的地步了吗？”同时我还写了一则故事。

我有一位名叫法兰斯·莫内的朋友，与其说他是知名的匈牙利作家，倒不如说他是吝啬的捐赠者。有一天他在草地上散步，一个人试图和他套近乎：“莫内先生，抱歉这样称呼您，我来自匈牙利，是科瓦克斯人（Kovacs），现在我有很大的困难，希望您能帮助我。”莫内便从他口袋里掏出 20 克郎，并给他一张收据。“什么！莫内只给 20 克郎！”科瓦克斯人激动地说着。我的朋友沉稳地回答：“不，因为一般人都给科瓦克斯人 20 法郎。”借此我向前西德土地银行表达，我是那科瓦克斯人吗？

我在信中提到：“如果你们把一支圆珠笔、一个钥匙圈或一个烟灰缸当成广告礼物寄给我，我就认了；不过你们竟然寄这区区 300 马克给我。如果我的朋友知道了这件事，他们必定会取笑或同情我。我会寄一封内容相同的信给贵行总裁波廉（Poullain）先生。”

几周后我突然收到一份寄自前西德土地银行的礼物，那是一本非常棒的旧书，一本关于财经和银行的书。他们大概感受到了我的愤怒，所以用礼物来解决问题。

大企业的故事

我想讲两三个和大企业有关的故事，不过在这些故事当中我并不是主角。

在布达佩斯多瑙市塞普岛（Csepelinsel）上有一间名为塞普的企业，是由曼弗雷德·韦斯（Manfred Weiss）在19世纪创建的。曼弗雷德后来被授封为韦斯男爵（Baron Weiss），更被称为“钢男”（der stahlharte Mann）。韦斯是聪明的工业家，靠生产罐头起家，并将事业拓展到所有的冶金领域，今天他的企业已经是一个工业王国了。第一次世界大战期间，韦斯是军队最大的弹药供应者之一。战争结束，匈牙利陷入困难状况，他的帝国被收归国有。

韦斯有一位孙子，经常由法国的流放地前往布达佩斯旅行，人们传言，他在那里有一段外遇。在一次旅行中，他突然兴起了去拜访家族企业的念头。在大门口，警卫询问他的身份，他表明自己是公司创立者曼弗雷德·韦斯的孙子。于是，韦斯继承者到访的消息很快在工厂内传开，成群的员工好奇地聚在一起，热烈讨论此事。对于这件事，大家似乎都不缺乏共同的话题。

当韦斯的孙子要离开工厂时，一位员工告诉工会主席：“我们必须禁止他再回到这里。”这时工会干部反驳说：“不，你们应该让他来，这样才能让所有员工看见，如果当初工厂没被国有化，今天我们就会有如此白痴的总裁。”

另一次愉快的私下访问则发生在雪铁龙的总裁安德烈·雪铁龙身上。他出身于贫穷的犹太家庭，并建立了同名的汽车公司，在 20 年代雪铁龙几乎是法国经济成就的代表，也可以说那是安德烈·雪铁龙的全盛时期。不过并不是所有人私底下都认得出他来。有一次，他开车经过西班牙与法国的边界，海关人员问他叫什么名字，他回答：“雪铁龙。”这时海关人员严厉训斥他：“我是问你的姓名，不是问你开什么车！”

安德烈·雪铁龙是一个聪明且特别受到员工爱戴的企业家，因为他本着人性的关怀及慷慨的心来对待员工。可惜后来雪铁龙沉迷赌博，失去了他的企业，死时一贫如洗。

30 年代，他已经身无分文，有一次他去访问自己创建的工厂。雪铁龙先生到访的消息迅速传开来，工作人员听到这个消息立即往大院跑来，为的就是想和他握手。此时，公司的新经营者，米其林（Michelin）家族中的一位成员，在楼上对于这阵骚动感到惊讶，他问监督，楼下究竟发生了什么事。监督回答：“安德烈·雪铁龙来了，员工正在欢迎他。”米其林很生气，立即写了一封信给安德烈·雪铁龙，信中要求他不可再回到工厂来，因为他如此受欢迎以致会阻碍工作的进行。

另一个聪明的工业家是马塞尔·达索特（Marcel Dassault），他是法国最大的飞机制造商，而且是幻影（Mirage）和密斯特（Mystere）的始祖。达索特在 90 岁时把一半的企业送给了国家，尽管如此，他还是继续为公司积极奋斗着。

以下的故事是对他个人特质的描述。达索特太太被绑架了，绑匪要求 300 万马克的赎金。当时记者问他要怎么做，他表现出一贯的泰然："我需要好好算算。"

达索特一生都很幸运，也难怪他的一本自传被冠以《吉祥物》这一标题。有人发现他的太太被扣留在枫丹白露（Fontainebleau）附近的一间屋子里，没多久那位名叫卡萨诺瓦（Casanova）的勒索者便被逮捕了。达索特太太请求法院不要对他处以太重的刑罚，因为绑架期间他对她还不错。而她的丈夫在这名歹徒出狱时，还给他一笔钱作为重新开始人生的基金。

达索特是个非常受欢迎、慷慨而且奇特的怪人，他经常会放 500 法郎在口袋，然后送给遇见的穷人。达索特也是个热情的股市投机客，他是一间美国股票经纪公司在巴黎的唯一客户，很快地他便授予该公司百万张股票的买卖委托，他的经纪人只要靠他这位客户便可活得很好。

如我所说，他是一个奇特的怪人。达索特总是在居斯达（Gstaad）的皇家饭店（Palace Hotel）与许多同事及朋友一同度过夏日假期，他们住一整排的房间。在超过 40 年的时间里，每年夏天到此，达索特都会指定同一位按摩师为他服务，直到有一天这位按摩师向他告别。达索特问饭店经理为什么要解雇他喜爱的按摩师，经理回答："因为他年纪太大了，太老了。"达索特问："多老？""72 岁。"经理回答道。"您说这叫老吗？我都 94 岁了！"达索特说如果这位按摩师辞职，那么他和所有随从人员就会离开饭店。后来，这位按摩师又继续为他服务了好几年。

顾客，也是敌人

法国股市有一句广为流传的名言：“顾客，也是敌人。”不同于一般企业“顾客至上”的说法。不过就法国而言，法国股市的名言比较切合实际。

招揽客户是一大艺术，需要运用心理学上的技巧及能力。我一生中累积了许多和顾客交往的经验。在证券交易所的生涯中，我大概有600 位客户。当我还年轻时，尚未成为为自己精打细算的投机客之前，我只是个股市经纪人。这 600 位客户中，有些每天都会进行交易，有些则是 1 年只有 1 笔交易。从中你可以看出他们非常有趣及富有诗意的个人特质，当然其中也有无趣、平淡的普通人。

我的交友范围从扒手到王室成员、从快乐的房东到教会主教，好比一场聚集了所有人的联合演出，有些人一直扮演顾客，有些尽管不是顾客，也充当了中间介绍人的角色。有一位综合这两种角色的匈牙利人，他整天待在舞厅、俱乐部或赌场。在巴黎的私人赌场内随时都有所谓的诈骗集团在活动。

> 我的经验之谈是：“谁只在意小钱就挣不到大钱。”

这个质朴、听话、不会在背后议论他人的匈牙利小伙子在赌场工作，而且希望稳固他的工作地位。当时我常环游欧洲，他常邀请我到赌场玩玩，以便赚点佣金。有一次我出于好玩，在皇家饭店（Palace Hotel）写了一封信给他，内容是：“亲爱的朋友，我马上要前往巴黎了，希望能在那里见到您，请您不要忘了帮我找一间好的赌场来助兴。您知道我有多喜欢那种极度紧张和兴奋的感觉。”这封信对他而言值 300 法郎的佣金。

20世纪30年代初期，有一天这个匈牙利小伙子来到我办公室。那时我在一间非常大的经纪公司工作，是当时巴黎证券界最具影响力的公司。他告诉了我一个令人振奋的消息，他要介绍一位对股市有兴趣的大客户给我。当时我并没当一回事，他能有什么了不起的人际关系呢？不过我还是答应去见那位大客户。

那天我在格兰饭店（Grand Hotel）认识了这位具有潜力的客人，当时的情形我还记忆犹新。格兰饭店是这位名叫维斯（A. J. Vyth）先生的固定住处，维斯大约60岁，年轻时住在伦敦，当时在一间纺织分公司任职，负责生产与销售，赚了一大笔钱，不过之后他整年都必须为税务诉讼而伤脑筋。虽然最后他赢了官司，代价却是赔上了健康。一度精神崩溃后，他在疗养院待了几年，直到迁至巴黎格兰饭店为止。

我这位匈牙利伙伴没有说错，这个人的确非常富有，当时虽然正值纽约股市陷入危机的时刻，他手中持股的价值还超过好几百万元。我们谈到政治与股市，然后维斯让我看他的投资项目，并询问我该做哪一方面的改变，我这位匈牙利伙伴则在旁边当个缄默的听众，静静听着我们说话，不过他知道我会大方地给他一笔佣金，这笔钱一定比赌场给他的更多。

维斯对于我所给的建议感到高兴，在我的公司开了很大的户头，这个户头维持了30年之久，直到他过世为止。尽管后来他真的生病了，而且十分虚弱，但他的外表看起来还是那么理智和聪明。

当时维斯对有价证券一窍不通，经常强调要严格监控大宗交易，以确保安全，这当然只是开玩笑。尽管如此，维斯还是经常告诉我："你这个有着招风耳的匈牙利投机客（他有一张我的照片），我要叫我姐夫莫里茨·列米提库斯（Moritz Leviticus）去巴黎，他会严格监控这本账里的任何一笔大宗交易。”

好吧！有一天列米提库斯真的到巴黎来了，我们在我的办公室里会面并“严格监控”所有股票行情，看看是否有任何东西凭空消失了。唉！这种感觉真是痛苦，不过在他姐夫拜访过后，他便放心了。

我们之间的关系还有另一块绊脚石：他老弱多病，而我身强体壮。我必须避免挑战他那颗无法形容的忌妒心。他期待我在每天股市交易结束后顺道去拜访他，做几分钟演示文稿。因为这些琐事，有时我还遭受着病痛折磨，甚至还有失眠的烦恼。总之，我也很同情我自己，而这一切都是为了让维斯满意。

他常去伦敦，且一定住在维多利亚饭店（Victoria Hotel），这是一栋过时的老旧建筑，不过一直享有盛名。有时我碰巧到伦敦，我会住在沙摩伊（Savoy），不过当维斯问我住在什么地方时，我会给他一间位于半月街（Halfmoon Street）的小型公寓的地址。如果他知道我住沙摩伊，他的反应一定是：“好家伙，这一定是记在我的账上！”我承认维斯是个好顾客，而且我也合乎礼貌地为他的各项交易尽力。

他支持当时在法国持续发行的国家股票，并且每次债券发行时都会大量认购，而我则每次都会获得1%的佣金。不过每次我都必须签署一份文件，保证国家一定会负责偿还公债，如果将来有一天法国政府无法履行义务，我就必须担负起与国家抗辩的责任。这是认真的，一点都不是开玩笑。

几年后他过世了，我亲自出席了在典哈格（Den Haag）举行的葬礼，并且陪他走完了最后一程。在他的遗嘱中，他并没有把所有财产交给5位姊妹，而是让弟弟雨果·维斯（Hugo Vyth）继承，雨果是一个不折不扣的笨蛋。

雨果在葬礼几个月后写信给我，因为他发现一些当时我为法国政府背书的签名文件，从那时候起法郎一直贬值，所以他要我赔偿一切损失。当然我并没有回复他，只觉得自己实在是个笨蛋，竟然笨到要跟他解释。直到今天我还是很同情我的顾客们，当然包括维斯，因为对他而言，我比法国政府还更值得信赖，尽管他辱骂我是匈牙利的投机客。

有一天，一位自称利伯(Lieber)但我不认识的人打电话到我办公室，说他早已听说我在工作上的优异表现，然后他提出一个老套的问题："您是怎么看待这个市场的？"我给了他几个立场中立的提示，以避免正面回答这个问题。就好比对着一群我完全不认识的人进行股市方面的演讲一样，我必须先了解他是股市玩家、投机客或是投资者，试着了解他的财务状况，并从声音中判断他的商业等级及智商。

我们的谈话进行得很愉快，而且在接下来的几个星期中，他也经常打电话给我，有时我还因此耽误了工作。我决定约他出来见面，他也兴致勃勃地答应了。几天后我们在一间证券交易所见面，然后就不能免俗地聊聊股市，直到我开始挑起无聊的小争辩。我决定刺激他一下。

"我有一个想法，从中我看到了一些幻想。"我开始我的广告策略。

"不过，"我突然中断谈话，并且对服务生讲了一些无关紧要的事。

"究竟是什么？"利伯先生感兴趣地问道，"您的想法究竟是什么？"

"是啊！我已经想好了，不过现在说似乎还太早。"我答着，并喝了一大口酒。

"尽管我心中已经有谱了。"说了一句后，我又再度召唤服务生，当时我从对方眼中看出他正饱受折磨。

尤其是我一直重复着说一句话，喝一口酒，说一句，再喝一口酒。

突然间他不耐烦了："您要说您的想法了吗？还是不想说？"

我决定不再折磨这个可怜的人，于是告诉他："亲爱的朋友，为什么您不是我的客户呢？"

"当然，当然，我准备要在您那儿开户。"他说到做到，隔天就成了我的客户。

究竟什么是我心中的"想法"？直到今天我还不知道，我每天都有太多的想法，不过糟糕的是都不能确定。

还有一次，我接到一个自称是门德尔松（Mendelssohn）的人打来的电话，她是英国公民且是著名银行世家的继承人，住在巴黎。"您是智者内森（Nathan）的玄孙女之一吗？"

"是的，"她自负地说着，"而且也是大作曲家费利克斯·门德尔松−巴托尔蒂（Felix Mendelssohn-Bartholdy）的亲人。"借此我确定了她的身份，立即对她有了好感。

战争结束后，她当初被柏林银行没收的财产重新获得补偿，她把这些钱用来买股票，她想把这些清单交给我鉴定，于是我便去拜访她。她住在一栋没有电梯的公寓的 10 楼，那是许多知识分子居住的地区。她说一口很棒且有深度的德文。她告诉我，她想撰写有关社会学方面的书籍。

我检查了她在一间颇具规模的联邦银行所开的股票账户，这是一个含有长期贷款与可靠股票的组合，我完全不需要提出异议。

我问她："您在哪里缴税？"

"当然是在德国，这钱来自德国。"

我反驳说:"您是英国公民,住在法国,尽管存款放在德国,也不须承担在德国的纳税义务。另外,借助您传记及地理的三角关系(biographisch-geographischen Dreieck),您可省下一大笔钱。"

不过她的回答是:"不,那位银行经理也是我的朋友,他不会允许任何避税伎俩的。"首先,关于这一点我还要告诉您一个典故。

故事发生的地点是法兰克福,时间大概在1800年。罗斯彻尔德坐在账房里检查着账簿,突然间房门开了,一位普鲁士军官走了进来,并且以傲慢的姿态介绍自己:"普林尼兹(Primnitz)男爵,普鲁士国王陛下的副官。"

在得到"热切建议"时,我们只有一件事可以做,即做与建议相反的事情。

罗斯彻尔德友善地说:"请您自己找张椅子坐吧!"

"我重复,普林尼兹男爵,普鲁士国王陛下的副官,马尔他骑士团的骑士。"

罗斯彻尔德再次礼貌地说:"请您自己找张椅子坐。"

"先生,您还是没搞清楚。我是普林尼兹男爵,普鲁士国王陛下的副官,马尔他骑士团的骑士以及罗马教皇的侍从官。"

"请,请,"罗斯彻尔德无可奈何地说,"请坐两张椅子。"

"拜托!门德尔松小姐,您缴了三份税!"刚开始她还笑得很诚恳,不过之后就恢复了严肃,这时她不只是个柏林犹太女人,而且还是个普鲁士女人,这个与纳税有关的笑话并不受欢迎。这也是为什么我不再听她的事的原因,在这种情况下我不愿唆使她去逃税,我的建议只是选择有利的环境罢了。这个无罪的建议后来被不断地在德国的报章杂志上宣传。

以上是我在和客户交往中所得到的体验。不过我必须强调，我自己一直就是我可爱的客户，我不曾向经纪人或银行家提出建议，所以他们对我根本不用负任何责任，如果有人低声给我一个忠告，我还是会坚持反对的态度，因为我的格言是："消息是毁灭的来源。"

第13章 德国人的心理学

在其他资本主义国家，
是10个老手搭配90个没经验的人，
在德国则是5个老手和95个胆小鬼。

13

对政治独具慧眼是我乐于拥有的天赋，但这是否能为我带来更多的机会就不得而知了。例如 1989 年初，我就预见到柏林围墙倾倒和与之相关的大事，但却难以猜出两个德国政体的人民以及参与交易的大众将对此作出何种反应。

从长远来看，我非常乐观，因为就全球经济和金融市场而言，没有什么是比计划经济失败和拥有持久和平更好的消息了。对德国来说，这就是统一的进程，然而很多德国人并不期待这个前景，甚至不在经济上支持统一。

统一的序曲

首先就是货币统一，不只是要被大众接受，而且是极为迫切和必要的，但这却是个棘手的计划。不过也有先例可循，例如奥地利和匈牙利在 1981 年以前即有货币、关税及经济的统一，虽然有不同的国会和立法，甚至两国各自拥有军队，但并不妨碍两国元首在法令上协同一致。

我可以提供另外一个计划，虽然我在德国没有投票权。解决办法是先计划让国内和国外的银行慢慢收购前东德马克，使马克价值加倍。这项应急计划将使前东德的生活水准马上提高，此外还要防止前东德被投机取巧的人出卖。

不过最后的改革仍必须看联邦议院的选择，最好是尽可能提早做出决定，以免给各方煽动者更多的机会。

以德国货币发行银行总裁卡尔·波尔（Karl Pohl）的政策来说，不久之前我觉得他实行了正确的政策。我以为联邦共和国终于打开了窗，让新鲜空气进来了，而不再是以零通货膨胀为最高的目标，即使德国经济深受其害。

在我看来，波尔先生当时实行了灵活的利息和金融政策，虽然最后只有中央银行委员会能决定是否提高利息。我实在很难想象这么重要的经济问题并不是由联邦银行总裁决定，而是由一些没有实质资格的人决定的，而他们的动机通常取决于政治、煽动的或是纯属个人的因素。

法国政治家和作家爱德华赫里欧曾说过，艺术是人们已经遗忘了所有东西之后遗留下来的东西。这句话也适用于股市。

轻微的通货膨胀总是比最小的通货紧缩要来得好。通货膨胀在某种程度上是轻微的毒药，只要在掌控中就没有危险。经济受轻度影响，就如同尼古丁和酒精对于人类的影响一样。幸好通货紧缩通常只是心理层面的影响（当货币发行银行不帮忙的时候），它所造成的社会不安反应在选举结果上。

如果下一次的德国选举结果对联盟不利，那么极有可能发生就算高利息和高涨的美圆行情也无法抑制通货膨胀的情况。我担心，红绿的执政接管将引起储蓄大众的戏剧化反应，无法避免出现一个外汇统制经济。

波尔可以用正确的金融政策助科尔总理一臂之力，因为繁荣景气对他很有帮助。相反地，红绿联盟的情况用以对抗通货膨胀将是徒劳无功的，高兴的是想以通货膨胀来谋取利益的人。通货紧缩是个非常没有远见的政策，总是会随着负面的政治后果告终。

联邦银行前阵子才说到，对德国经济来说，较高的美圆行情并不是非常重要。没错！这听起来和当时的财政部长史托贝尔格（Stoltenberg）一再重复的不太一样:“下跌的美圆对德国来说完全起不了作用，联邦政府对美国的出口贸易太少了。”一国财政部长为38%的出口比例所下的注解实在是明显的胡扯。就算德国马克因为货币联盟和经济联盟及所连带的负债而降低了行情，情况应该也不致太糟。

一个国家强大与否，不在美圆行情，也不在于利息高低，而在于一个国家的德行或是领导的潜力。我们必须要有勇气，拿破仑的座右铭真是符合实际:“勇者必能赢得每场战役！”这也适合经济联盟和货币联盟所表达的经济观点。关于国家的状况，是否要拥有或何时要拥有一个共同的国会和共同的军队是没有任何意义的，因为现在已经没有边界的困扰了。现在打算在匈牙利或波兰投资的前西德企业主，即将把资金留在前东德的重建上。这是一个大好时机，而前东德即将带来德国的第二次经济奇迹。

浪漫有助于经济事务

今天的德国人对自己的经济有非常正面的看法，这种看法和他们所使用的方法事实上不太符合典型的德国人的传统思想。虽然我实在不喜欢一般性的结论，但我还是认为，人们经常描写的德国人的性格——准时（在交货方面）、责任心（在货物的品质方面）以及勤奋，在那时的东德经济发展上占有一席之地。虽然现在东德和联邦共和国的勤奋已经褪色，但也许在莱比锡、德累斯顿、雀尼次的居民还是如此。

同样，德国人的生性浪漫可以在经济事务上产生正面效果，虽然我对此还没有机会多作补充说明。事实上，太过实事求是的经济观点确实不好，新点子、冒险心、想象力才是今日炙手可热的特质，而且应当将其变为行动。

我认为德国的浪漫天赋不适合用在政治上。但在经济上，我就比较喜欢浪漫的“接触”。然而我在德国人身上至今仍未发现金钱上的浪漫，在这方面，德国人一直很正直，也不懂得乐趣。

在德国，大多数人害怕投资。德国的交易买主在金钱事务上不是那么老练，甚至缺乏经验，在国际金融市场上更是个新手，因为德国并没有参与第一年证券交易的扩增。在希特勒掌权时，从 1933 年开始实行统制经济，战后的德国在这方面直到 70 年代中期都还处于停滞状态。当然近 20 年来，德国人对交易和投机买卖的观点已有了戏剧性的改变。但是 20 年毕竟还算短，还不足以形成经验，尤其相对于其他国家所拥有的丰富经历，更显不足。

德国民众是保守的，两次可怕的通货膨胀已经使德国储户心生畏惧，德国人已经变成一个靠领年金过活、只想要安全感的民族。

只有在做好功课与计划后，他们才会冒风险。一个年轻人给我写了一封简短的信，他想知道如何进行交易活动，因为他想以最快的速度赚钱，以便之后可以尽早退休。还有一个 18 岁的青年，他认为我的经济应该已经够宽裕了，为什么还要耗费精力演讲和写书，为什么不在南方某个小岛上享受阳光？我反问他：“您曾经享受过吗？”他否认，而我的回答是:“因为我已经享受过了。”

大部分德国人想把他们的钱就这么存着，以为如此一来便不会有失去的风险。因为人们知道，如果买了股票，总是会有行情下跌的可能。德国民众基于这种原因，宁可拥有固定的金钱。

95 个胆小鬼

这样虽然不会发生什么事情，但终究还是会变得很糟糕，因为如果大多数的民众都把钱存在银行不动，市面上流通的钱就会越来越少，购买力降低，而存款利率又不足以抵消耗损的金钱。股票反而是一项比较好的投资，虽然股票会有风险，但总比定存这一投资形式要多获利好几倍。

一个小型的统计数据显示:从 1925 年开始，中等股票价格涨幅超过百倍，高等股票则涨了 25 倍，而定存和贷款的增长则为 12 倍。法国人在上个世纪说:“像股票持有人一样愚蠢。”如今的说法变成“像股票持有人一样聪明”。就如同一句谚语:“想睡个好觉的人会定存，想吃得好的人宁可买股票。”

如果德国人在百般保留的情形下，仍然冒了交易的风险，那他们就会因为缺乏经验而颤抖得如同白杨树的叶子一般。在其他资本主义国家，是 10 个老手搭配 90 个没经验的人，在德国则是 5 个老手和 95 个胆小鬼。

德国人的美德，如纪律和精明干练，则不利经济交易，而德国人在金钱上的伎俩也一直没有长进。这个拥有浪漫、哲学家及音乐家的民族，一旦面对金钱事务，就失去了浪漫，失去以往对哲学和想象力的爱好。

一位不喜欢德国人的著名讽刺作家卡尔·法卡斯（Karl Farkas）创造了一个谚语："德国人不但工作得多，也爱好工作，他们似乎真的是如此。"而我也因此对当时的德意志民主共和国的经济重建持乐观的态度。

读者感言 I

有关时事、财经、金融等书籍，我特别关注那些经典之作。我发现，这当中有一本书一直以来都备受投资者关注，且一版再版，销售量居高不下，它就是《大投机家的证券心理学》。在这本书里，科斯托拉尼毫无保留地讲述了其买卖股票的成功秘诀，这让渴望在股市中有一番作为的我茅塞顿开、心动不已。他不愧是一位旷世绝伦的投资大师。

科斯托拉尼从第一次操作股票的经验中学到：股票市场里没有什么事是不可能的。“股市是一个展现国民经济运行状况的地方，其间夹杂了许多谣言，可谓波涛汹涌，但也有人性化的一面。”他认为要想在股市中有所作为，光是取得必要的股票信息仍是不够的，想象力才是投机操作的原动力。因此，他非常鄙视那些完全不具有想象力的投资分析系统和提供股市咨询的计算机。

——王惟仪（25 岁，公司职员，新股民）

读者感言II

科斯托拉尼用哲学家的头脑来思考股市，不愧为欧洲的巴菲特。虽然书中没有传授什么技巧，却处处闪现异于常人的思想火花，令人茅塞顿开，豁然开朗。不愧为一代宗师。

——当当网读者激赏

读者感言III

本书是大师留下的最后一本著作，也是最经典的一部。虽然在投资领域几乎不可能再出现一位像科斯托拉尼一样伟大的人物，但我们可以从他七十多年珍贵的实战经验和智慧总结中汲取最实用的知识、最高明的智慧和最过人的勇气，并踏上成功的投资之路。

——柳成思（36 岁，资深证券分析师）

短信查询正版图书及中奖办法

A．电话查询

1．揭开防伪标签获取密码，用手机或座机拨打4006608315；
2．听到语音提示后，输入标识物上的20位密码；
3．语言提示：您所购买的产品是中资海派商务管理(深圳)有限公司出品的正版图书。

B．手机短信查询方法(移动收费0.2元/次，联通收费0.3元/次)

1．揭开防伪标签，露出标签下20位密码，输入标识物上的20位密码，确认发送；
2．发送至958879(8)08，得到版权信息。

C．互联网查询方法

1．揭开防伪标签，露出标签下20位密码；
2．登录www.Nb315.com；
3．进入“查询服务”“防伪标查询”；
4．输入20位密码，得到版权信息。

中奖者请将20位密码以及中奖人姓名、身份证号码、电话、收件人地址和邮编E-mail至szmiss@126.com，或传真至0755-25970309。

一等奖：168.00元人民币(现金)；
二等奖：图书一册；
三等奖：本公司图书6折优惠邮购资格。
再次谢谢您惠顾本公司产品。本活动解释权归本公司所有。

读者服务信箱

感谢的话

谢谢您购买本书！顺便提醒您如何使用ihappy书系：

- 全书先看一遍，对全书的内容留下概念 。
- 再看第二遍，用寻宝的方式，选择您关心的章节仔细地阅读，将“法宝”谨记于心。
- 将书中的方法与您现有的工作、生活作比较，再融合您的经验，理出您最适用的方法。
- 新方法的导入使用要有决心，事先做好计划及准备。
- 经常查阅本书，并与您的生活、工作相结合，自然有机会成为一个“成功者”。

<table>
<tr><td rowspan="9">优惠订购</td><td colspan="2">订阅人</td><td></td><td>部门</td><td></td><td>单位名称</td><td></td></tr>
<tr><td colspan="2">地　址</td><td colspan="5"></td></tr>
<tr><td colspan="2">电　话</td><td colspan="3"></td><td>传　真</td><td></td></tr>
<tr><td colspan="2">电子邮箱</td><td></td><td>公司网址</td><td></td><td>邮　编</td><td></td></tr>
<tr><td>订购书目</td><td colspan="6"></td></tr>
<tr><td rowspan="2">付款方式</td><td>邮局汇款</td><td colspan="5">中资海派商务管理(深圳)有限公司
中国深圳银湖路中国脑库A栋四楼　　邮编：518029</td></tr>
<tr><td>银行电汇或转账</td><td colspan="5">户　名：中资海派商务管理(深圳)有限公司
开户行：招行深圳科苑支行
账　号：81 5781 4257 1000 1
交行太平洋卡户名：桂林　　卡号：6014 2836 3110 4770 8</td></tr>
<tr><td>附注</td><td colspan="6">1. 请将订阅单连同汇款单影印件传真或邮寄，以凭办理。
2. 订阅单请用正楷填写清楚，以便以最快方式送达。
3. 咨询热线：0755-25970306转158、168　传　真：0755-25970309
E-mail: szmiss@126.com</td></tr>
</table>

→利用本订购单订购一律享受9折特价优惠。
→团购30本以上8.5折优惠。